KB060666

한국의 스승,
개벽을 말하다

해월 소태산 증산 수운 정산

/ 개정판 /

한국의 스승, 개벽을 말하다

해월 소태산 증산 수운 정산

최준식 지음

모시는사람들

개정판 서문

내가 우리 스승들의 뛰어난 가르침을 전하기 위해 『한국의 스승』이라는 책을 낸 것이 1991년도의 일이니 벌써 20년도 넘은 일이다. 그리고 그것을 대폭 수정하여 7년 뒤에 『개벽시대를 여는 사람들』(1998)이라는 책을 출간했다. 한참 뒤에 또 비슷한 책을 냈는데 『조선의 도인』(2012)이라는 책으로, 이 책은 스승들의 가르침보다는 주로 조선말의 도(道)판에 대해 적은 책이다.

이번에 내는 이 책은 위의 책 가운데 두 번째 책인 『개벽시대를 여는 사람들』을 개정한 것이다. 이 책이 절판되어 구할 수 없던 차에 '모시는사람들'에서 출간 의사를 밝혀 다행히 이 책을 수정하여 다시 내게 되었다. 나는 그동안 수운부터 시작되는 우리나라 신종교 창시자들의 사상이 제대로 알려지지 않은 데에 대해 안타까움이 많았는데 이렇게 새롭게 내게 되니 여간 감사한 게 아니다.

사실 위의 책들은 판매가 지지부진했다. 사정이 그렇게 된 데에는 책의 내용이 부실한 탓도 있었겠지만 한국인들의 무관심도 꽤 작용한 것 같았다. 내가 보기에 우리 한국인들은 여전히 외래 사상을 더 선호하는 것 같은 인상을 많이 받는다. 우리나라의 고유 사상이라면 무속으로 불리는 무교와 이 책에서 다루는 동학을 비롯한 신종교밖에 없다. 그런데 이런 토속 종교에는 그다지 관심을 기울이지 않고 인도나 중국, 서양(미국)에서 들어온 종교를 좇는 것이 현재 한국인들의 일반적인 추세이다.

물론 이 외래 종교들에 대해서 잘 아는 것도 좋지만 그렇게 외래 종교만 따르면 우리 토종 종교는 어찌 될까? 다른 것은 신토불이라고 하면서 왜 종교에 대해서는 그렇게 생각하지 않는 걸까? 먹을거리도 이 땅에서 나온 게 좋다면 종교도 그런 것 아닐까 하는 생각을 왜 하지 않느냐는 것이다. 대체로 이런 생각 끝에 이 책을 구상했다. 그리고 좀 더 잘 알리기 위한 심산으로 어려운 연구가 아니라 신종교 창시자들이 남긴 대표적인 말씀을 쉽게 풀어쓰고 거기에 설명을 달았다.

부디 이 작은 책으로 한국인들이 자신들의 내면에 깃든 영성이 어떤 것인가를 스스로 확인하기를 바라는 마음 간절하다. 끝으로 이 불황의 시대에 귀한 내용을 담았으되 활발한 판매는 기대하기 힘든 책을 출간한 '모시는사람들'에 다시 한 번 감사를 드린다.

2014년 한 여름에
지은이 삼가 씀

초판 서문

1.

한국에도 위대한 스승이 있었다는 것을 알리기 위해 나름대로는 소신을 갖고 펴냈던 『한국의 스승』(1991)이란 책이 7년 전쯤 출간된 뒤, 독자들로부터 어떤 반응이 있을까 꽤나 궁금했다. 그러나 생각한 것만큼은 호응이 크지 않았고, 어떤 때는 실망스럽기까지 했다. 물론 전혀 반응이 없었던 것은 아니다. 하지만 일반 독자들의 반응은 거의 전무해서 새삼 우리 것을 알리는 일의 어려움을 뼈저리게 느꼈다.

이 책은 다시금 그런 우리에게 던져 보는 책이다. 따라서 지난번 책의 편집이나 내용과는 전혀 다를 뿐만 아니라, 새롭게 발견된 자료를 보강하여 새로운 책을 만들어 보려고 노력했다.

지난 번 『한국의 스승』은 짧은 해설과 함께 주로 본문 중심이 되어 이런 가르침에 익숙하지 않은 독자들은 어떤 경우에는 본문을 제대로 이해하는 데에 어려움을 느꼈을 것이다. 그래서 이번에는 이와 같은 결점들을 보완하려고 했다.

우선 지난번에는 인물별로 분류한 것을 주제별로 바꾸었다. 그러나 각 주제 안에서 다시 인물별로 모아 놓았기 때문에 인물을 각각의 사상을 일관되게 이해할 수 있게끔 도모했다. 이번 책에서는 주제별 구분을 했기 때문에 어떤 주제에 대해 구한말의 선지자들이 어떻게 생각했느냐를 일목요연하게 볼 수 있는 장점이 있다. 가령 여성학을 하는 사람이 이 분들의 새로운 여성관을 알고 싶어 한다면 '여성'이라는 주제를 다룬 부분만 보면 되는 것이다.

이와 더불어 내용을 대폭 보강했다. 우선 본문의 반 이상을 새로운 기록에서 뽑은 것으로 채웠다. 그리고 반이 조금 못 되는 나머지 부분은 『한국의 스승』에 나온 중요한 가르침 가운데 이번에 다룬 주제에 꼭 포함시켰으면 하는 것들로 채웠다. 그러나 같은 내용이라도 새로운 해설을 달아 다시 읽는 독자들도 새로운 느낌을 갖도록 하였다. 보강되고 빠진 부분들을 보면, 우선 수운의 경우는 더 이상 실을 만한 일화적인 기록이 없어 이번에는 거의 증보하지 않았다. 해월의 경우는 대폭 보강되었는데, 그 출처는 지난번과 마찬가지로 『천도교경전』을 주로 이용하였다. 특히 「내칙」이나 「내수도문」과 같이 부녀를 대상으로 했던, 적어도 한 세기는 앞서는 가르침을 많이 포함시켰다.

증산의 경우는 『대순전경』 이외에는 다른 믿을 만한 출처가 없어 새로운 것을 포함시키지 못하고, 이전의 책에서 좋은 가르침을 다시 뽑아 대폭 가감 수정하였다. 한편 소태산과 정산의 경우는 새로운 내용들을 많이 포함시켰는데, 소태산은 본래의 경전에 포함되지 않았던 내용들을 모아 책으로 낸 『대종경선외록(大宗經選外錄)』에서 뽑았고, 정산은 그의 사후에 제자들이 집필한 『한 울 안 한 이치에』라는 그의 어록에서 적절한 것을 모았다.

어떤 경우가 되든 이 책의 내용은 그동안 필자가 이 주제와 연관해

서 학교에서 가르치고 연구하면서 찾아내었던, 나름대로는 새로운
내용들을 해설 형식으로 각 본문에 달아 놓았기 때문에, 독자들은 앞
서서 출간한『한국의 스승』의 재탕이 아니냐 하는 생각은 안 가져도
좋을 성싶다. 다만 해설이 쓸데없이 길어 독자들의 이해를 오히려 방
해하지 않을까 조심스럽고, 필자의 해석이 각 교단의 정통적인 해석
과 다를 수도 있어 무리를 자아낼까 두려울 뿐이다.

『한국의 스승』을 내놓고 받았던 지적 가운데 하나는 너무 국수적
이지 않느냐는 것이었다. 극단적으로 표현하면, 망해 가는 조선의 촌
에서 태어난 보잘 것 없는 사람들의 가르침이 뭐가 그리 대단하다고
그렇게 호들갑을 떠느냐 하는 투였다. 그러나 필자가 이분들을 우리
나라의 위대한 스승으로 꼽고, 우리 민족에게 가장 알맞은 가르침을
주신 분들이라고 생각하게 된 것은 전혀 즉흥적이거나, 어떤 이해관
계가 얽혀 있기 때문이 아니었다. 나는 여기서 이러한 견해는 오랜 시
간 내 나름대로의 연구와 생각 끝에 나왔다는 사실을 밝히고 싶다.

2.

나는 종교학이라는 학문을 시작하고 지난 10여 년 동안 종교학 자
체나 세계 종교에 대해 공부하고 가르쳐 왔지만, 그 외에도 항상 관심
을 갖고 있었던 문제는 마치 어버이를 잃은 것처럼 헤매기만 하는 우
리 민족은 과연 어떤 종교적 가르침에 의지해 새로운 가치관을 세울
수 있을까 하는 점이었다.

어느 나라든 그 나라가 잘 되려면 국민들에게 중심 사상이 있어야한다. 그런데 우리나라는 이것이 완전히 분열된 상태에 있다. 1600년이상의 찬란한 역사에도 불구하고 보수화의 길에서 벗어나지 못하고 있는 우리의 대표적 전통 종교인 불교와 유교, 1~2백 년의 짧은 선교 역사에도 불구하고 큰 신장세를 보이고 있지만 아직도 우리 것이라고하기에는 무리가 많은 기독교, 일부 파행적인 신종교들, 가장 강한 종교적 세를 갖고 있지만 음적인 힘이라 국민을 적극적으로 끌고 나가지는 못하는 무교 등등, 상황이 이렇다 보니 이제 그 어느 것도 우리 국민의 정신적 가치관을 제대로 정립시켜 줄 수 있는-다양하면서도 나름대로 통일성이 있는-한국적인 종교 가르침이 없는 상태가 되었다.

필자는 이와 관련해 단군신앙이 우리의 중심 사상이 될 수 있을까도 생각해 보았지만, 별 신통한 답을 얻지 못했다. 우선 단군신화를 신화가 아닌 역사로 보는 일부 재야 사학자들의 시각은 바람직하지 못하다. 그것은 해석의 통일을 가져올 수 없기 때문이다. 가령 단군신화를 역사적 사실로 생각하여 단군조선이 기원전 수천 년부터 아주 높은 문명을 누리면서 존재했다고 주장한다면, 다른 나라의 개국신화도 그렇게 해석해야 할 것이고, 그렇게 되면 결국 인류의 역사는 엉망이 될 것이다. 바로 이웃 나라인 일본이 그들의 개국신화를 문자 그대로 역사적 사실로 해석해 대동아공영권이니 하는 터무니없는 주장을 했던 것이 그 좋은 예이다. 그로 인해 가장 막심하게 피해를 받았던 국가가 바로 우리나라인데 그런 우리가 왜 그 전철을 밟으려 하는지 모르겠다. 그리고 역사로서의 단군신화를 말하는 『규원사화』나 『환단고기』 등과 같은 책들이 대개 19세기 말경에 쓰여진 위서(僞書)라는 것이 서서히 밝혀지고 있는 마당에, 그것이 나오게 된 역사적 배경을 이해하는 것은 좋지만, 그 진실성 여부를 생각하지 않고 무조건 사실로 믿어 버리는 것은 논리적인 비약이나 아전인수격인 해석이 많을 것으로 생각된다. 그러나 단군신화는 꼭 그렇게 해석하지 않아도 얼마든지 의미가 있다. 그는 분명히 우리나라를 세운 할아버지이고, 우리는 모두 그분의 자손들이다. 앞으로 남북이 통일될 때 많은 이질감을 느끼게 될 남북의 인민들이 사상적으로 혹은 민족적으로 공유할 수 있는 부분은 우리 모두가 단군이라는 한 시조를 모시고 있다는 사실 밖에는 없을지도 모른다. 그런 점에서 단군신앙은 좀 더 신중하게 발전시키고 정립시킬 필요가 있다.

나는 다시금 우리나라의 중심 사상이 될 만한 후보자들을 찾아 나서야 했다. 앞에서 언급했듯이, 이 과정에서 발견한 것이 바로 동학, 증산 계통, 원불교였다. 이렇게 생각하게 된 이유를 밝히기 위해 진부하지만, 그동안 나의, 굳이 말하자면-거만하게 들릴까 두렵지만-'영적 순례'라고나 할 수 있을, 공부 과정에 대해 잠깐 적어보고 싶다.

자신의 이야기를 이렇게 구체적으로 하는 것은 내가 가장 꺼리는 일 중의 하나이지만, 위의 결론이 사실은 오랜 각고와 생각 끝에 나왔다는 것을 독자들에게 밝히기 위해-다시 말하면 이렇게 장황하게 언급하면 독자들이 이해하는 데에 도움이 될까 하여-평소에 안 하던 짓을 하기로 마음먹었다. 독자들의 질책이 두려울 뿐이다.

3.

나는 우선 불교로 종교 공부를 시작하였다. 종교를 제대로 만나기는 대학교 때였고, 불교가 처음이었다. 나는 곧 불교가 우리 민족의 위대한 정신적 문화유산이자 세계의 위대한 종교라는 것을 알게 되었고, 그 인생관이나 세계관에 빠져들었다. 그와 더불어 비슷한 세계관을 공유하는 인도 종교의 가르침에도 흥미를 갖게 되었는데, 대학 졸업반이었던 70년대 말 석지현 스님과 홍신자 씨가 처음 소개한 라즈니쉬의 『마하무드라의 노래』를 읽고 받았던 느낌은 실로 엄청난 충격이었다. 종래 불교의 설명이나 묘사가 진부하게만 느껴지고 있을 때, 라즈니쉬의 설법은 감로와 같은 것이었다. 그 뒤로 크리슈나무르티, 라마나 마하리쉬, 라마크리슈나, 비베카난다, 요가난다, 묵타난다, 스리 오로빈도 등 인도의 스승들에 대해 지대한 관심을 갖게 되었고, 국내에 번역된 책뿐만 아니라 유학을 가서도 이런 스승들의 가르침은 쉬지 않고 읽곤 했다. 그 뒤, 종교학 전공 차 미국으로 유학을 떠났다. 유학 시절에는 종교학 일반은 물론이고 주로 중국 불교, 선불교, 도교 등에 관해 가르침을 받았다. 특히 선불교의 세계적 대가였던 리차드 디마티노(Richard DeMartino) 교수의 조교 생활과 사적인 세미나를 하면서 그에게서 받은 교습은, 나의 연구 생활에 길잡이 같은 역할을 해 주었다. 아울러 지도 교수였던 대만의 부위훈(傅偉勳) 교수를 통해서는 중국 전통을 어떻게 이해할 수 있는가에 대해 배울 수 있었다.

부 교수는 필자에게 논문을 중국 종교에 대해서만 쓸 것을 권했지만, 나는 이미 유학을 떠나면서부터 강증산의 사상에 깊이 심취되어 있었다. 나는 증산의 사상을 세계 종교사 내에서 조명하고 싶다는 생각으로, 중국과 한국을 연결시킬 수 있는 주제로 논문을 쓰기로 작정했다. 그 결과 중국과 한국의 삼교합일론(三敎合一論)에 대해 쓰게 되었고, 그 특정한 예로서 강증산을 들기로 했다.

이러한 주제에 관심을 갖게 되면서, 나는 한국의 기성 종교의 전통은 물론, 무교와 같은 민간 종교에도 큰 관심을 갖게 되었다. 기성 종교의 전통 가운데 그때까지 거의 연구가 되지 않고 있었던 도교가 우리 전통에 끼친 영향의 막대함을 깨닫고 놀라, 일본에서 책을 주문하는 등 도교 공부를 새롭게 시작했던 기억도 새롭다.

필자가 공부한 종교 전통 가운데에 물론 기독교와 같은 서양 종교는 포함되어 있지 않지만, 개인적으로는 처가가 개신교 계통이고, 출신 대학도 천주교 계통이고 해서 체계적인 공부는 아니었지만 기독교의 분위기는 대강 어떤 것인지 알 수 있었다. 그 가운데서도 가장 관심을 끌었던 것은 서양식으로(혹은 희랍 철학식으로) 정형화된 현교(顯敎)적인 서구 신학보다는, 십자가의 요한이나 에크하르트, 스웨덴보리, 순다르 싱그 등의 신비주의 신학, 혹은 부정 신학이었다.

나는 이러한 이론적인 것 외에 실제적인 수련에도 관심이 많았다. 대학 시절에도 잠깐 동안이었지만 절에 살았던 적이 있었고, 미국 유학에서 돌아오면서는 항상 염원하고 있었던 요가 수련 공동체를 동국대에서 요가를 전공하던 동료들과 실제로 만들어 대중적인 지도 및 연구 모임을 갖기로 했다. 그리고 '종교문화연구원'이라는 조그만 연구소를 만들어 회보 발행, 고적 답사, 고전 읽기, 명상 등, 심지어는 국악 강습까지 갖가지 프로그램을 시행하기도 했다.

또 죽음학에 대한 개인적인 관심도 만만치 않았다. 유학 시절에는 죽음에 대해 다룬 많은 책들을 구입했고, 지금도 여전히 그 분야에 대해 지대한 관심을 갖고 있다. 레이몬드 무디, 에드가 케이시, 조지 마크, J. 피셔, 아서 포드, 존 화이트, 『티벳의 사자의 서』 등 실제적인 죽음에 대해 다루고 있는 여러 저자나 책 속의 가르침이 아직도 귀에 쟁쟁하다. 이런 관심 때문에 나는 1996년에 세계적인 죽음학의 대가인 E. 퀴블러 로스 박사의 『사후생(死後生)』이라는 책을 번역하기도 했다.

이 외에 필자가 관심을 가졌던 것으로 프로이드, 융 아들러, 에릭 프롬, 카알 로저스, 아브라함 매슬로우, 빅터 프랭클 등과 같은 심리학자나 이런 심리학과 동양 사상, 현대 물리학 등을 나름대로 통합해 만들어 낸 제3 혹은 제4의 심리학의 선구자였던 켄 윌버, 인지학의 창시자였던 루돌프 슈타이너, 유구한 전통의 신지학의 사상 체계, 또 구르디제프와 그의 제자인 우스펜스키, 루미 같은 이슬람의 수피즘 수행자들, 미국의 신비 사상가이자 실천가인 크리스토퍼 힐, 중국의 단(丹)이나 기공 전통 등, 그동안 지나쳐 왔던 세계의 정신적 사상가나 그들의 사상, 혹은 수련 체계는 여기에 다 쏟아 내기에 힘들 정도로 이루 헤아릴 수 없이 많았다.

4.

이렇게 두서없이 별 것도 아닌 것을 장황하게 서술하는 것은, 나의 이른 바 '영적인 편력'이 다양했다는 것을 보이려고 하는 것은 결코 아니다. 앞에서도 밝혔듯이, 필자가 우리 민족에게 가장 적합한 종교적 가르침을 펴신 분들로 앞의 세 분 내지 다섯 분을 든 것은 절대로 폐쇄적이거나 국수적인 편협한 선택이 아니라, 위의 모든 사상과의 비교를 통해, 또 한국 종교 사상사를 나름대로 연구해 보고, 오랫동안 그 안에서 그분들의 사상이 갖는 위치를 종합 분석하고 가늠한 다음 내린 결론이라는 점을 강조하기 위해서이다.

우선 세계 사상사적으로 볼 때, 이분들의 가르침은 다른 사상가들의 가르침보다 적어도 뒤지지는 않는다. 동양 3국만 보더라도, 19세기 말이나 20세기 초에 중국이나 일본에 이런 큰 스승들이 있었는지는, 과문한 탓도 있겠지만 못 들어 본 것 같다.

일례로, 해월이 제시한 자연관은 현재 인류의 극대 관심사로 되어 있는 환경 문제에 새로운 빛을 던져 줄 수 있다고 확신하며, 해월을 포함한 이들 스승들의 여성관도 세계의 그 어떤 종교 사상가보다도 앞선 것이라고 생각한다. 필자는 장황하지만 이것을 이 책의 해설에서 밝히려고 애를 썼다. 그러나 이분들의 사상이 세계 종교 사상사에서 차지하는 위치보다 더 우리의 관심을 끄는 것은 한국 종교 사상사 내에서의 위치였다. 결론적으로 말해 나는 이분들의 사상이야말로 한국 종교의 완성이라고 보고 싶다. 다시 말해 이분들이야말로 당대까지 있어 왔던 한국의 종교 전통을 가장 한국적인 맥락에서, 한국인들이 받아들이기 쉬운 형태로 집대성한 종교사상가라고 보는 것이다. 물론 이것은 하나의 설에 불과한 것이다. 따라서 이 이론이 절대적으로 맞다고 주장하고 싶은 생각은-인문·사회과학에서는 절대적인 이론은 있을 수 없다-없다. 이 문제에 대해서는 앞으로 학술적인 단행본을 출간하여 학계의 평가를 받아 보려고 한다.

우리에게는 무교를 빼면 우리 민족 자체의 종교 사상이 뚜렷하게 없었다. 대신 중국에서 들어온 종교 전통이 주로 우리 민족의 가치 체계를 형성해 왔다. 따라서 이 전통에서 특출났던 사상가들은 한국적인 사상가라기보다는 세계적인 사상가였던 것이다. 불교의 원효·의상·지눌·서산이나 유교의 퇴계·율곡·다산 등은 모두 세계 사상계에 내놓아도 손색없는 세계적 사상가이지 한국적 사상가라고 보기는 힘들다(이 점은 『한국의 스승』에서 이미 밝힌 바 있다).

그런데 구한말 때, 한국 역사 최초로 민족 존립 자체가 절대 위기에 처하게 되자, 우리 민족은 문화·사상적인 면에서 주체성을 찾으려는 열의가 그 어느 때보다도 높아졌다. 이것이 가시화된 것이 수운으로부터 일어났던 신종교 운동이다. 이 운동들은 가장 민중적인 기층에서 태동되었기 때문에 가장 한국적인 사상이 주축을 이루고 있으며, 동시에 그때까지 한국에 있었던 세계적인 종교 사상을 섭취했기 때문에 보편성까지 갖추게 되었다.

물론 그 이후로 일어났던 종교 사상들이 모두 이렇게 한국적인 특수성과 세계적인 보편성을 가졌던 것은 아니다. 그 가운데에서 나는 세계적인 보편성과 한국적인 특수성을 모두 지닌 교단으로 위의 세 교단을 드는데, 그것은 이 세 교단이 한국의 전통 종교를 각각 나름대로 이어받아 새로운 종교를 만들었다고 생각하기 때문이다.

우선 수운과 해월의 사상은 그 뿌리를 전통 유교에 두고 있는 것으로 생각되는데, 동학은 개혁 유교-학자에 따라서는 세속화된 유교라고 보는 시각도 있다-라고 볼 수 있을 정도로 교리가 전통 유교, 그중에서도 성리학과 관계되는 경우가 많았다. 특히 세계관과 인생관이 유교의 그것과 다르지 않다는 의미에서 동학의 중심 사상은 유교라고 할 수 있을 것이다.

동학이 유교에 경사되었다는 것은, 동학의 교리가 유·불·선을 모두 통합했다고는 하지만 사실상 불교의 교리는 그다지 포함되어 있지 않은 것을 보아도-조선조 성리학이 불교에 얼마나 배타적이었나를 생각해 보면 이 점을 쉽게 알 수 있다-알 수 있을 것이다.

그런가 하면 증산 사상은 전통 사상 가운데 무교와 선도의 전통을 주로 이어받은 것 같다. 증산 사상의 핵심은 해원(解寃)인데, 이것은 무교에서 말하는 '(한)풀이'를 한자로 바꾼 것에 불과하다.

한편 증산은 해원을 이루는 방법으로서 선도식의 수련을 선호하고, 주문을 강조하는 등 선도에도 강한 관심을 보였다. 필자의 견해로는, 증산은 당시 민중들에게 가장 친숙한 종교 이념이었던 무교적 해원 사상과 선도의 조화 사상을 민간 신앙 차원에서 끌어 올려, 상대적으로 보편적인 종교로 만든 것으로 생각된다.

소태산은 원불교라는 교명에서도 알 수 있듯이, 가장 한국화된 불교라 할 수 있을 개혁적인 불교를 산출해 냈다. 중심 사상은 불교에 뿌리박고 있으면서, 현실성과 사회성이 약한 전통 불교의 약점을 보완하고자 유교의 실천 윤리를 많이 포함시켰다. 이 세 전통들은 종래의 유불선무(儒佛仙巫) 전통 및 민간 신앙을 모두 받아들였으며, 나름대로의 관점에서 종래의 교리를 재해석해 각기 독특한 구조 속에 배열해 놓아, 전혀 새로운, 그러나 매우 한국적인 종교를 만들어 냈다. 바로 이점 때문에 나는 이 세 종교가 한국 종교 전통을 완성시킨 것으로 보는 것이다. 이를테면 자국 내에서 역사상 거의 최초로 일어난 종교개혁 운동인 것이다. 물론 이 세 종교 외에도 그 후에 수많은 군소 종단들이―각세도계, 찬물교계 등―일어났다. 그러나 사상의 깊이나 당시 혹은 현재의 민중들에게 받아 들여졌던 호응도나 열기 등에 비추어 볼 때, 동학·증산계·원불교는 우리나라의 신종교를 대표할 수 있는 세 산맥이라고 보아도 과언이 아닐 것이다.

그런데 이렇게 중요하게 보이는 종교 전통이 아직도 우리에게는 제대로 소개가 안 되어 있는 느낌이다. 앞에서도 누누이 지적했지만, 대부분의 한국인은 이분들을 그저 토속적인 민간 사상가 정도로만 이해하고 있는 반면, 또 다른 소수의 사람들은 이분들이야말로 세계 모든 사상의 근원을 주창한 분들이라고 한껏 높이 올려 평가하는 등 객관적인 평가가 잘 이루어지지 않고 있다. 그러나 내가 이분들의 사상을 공부하면서 한 가지 확신하게 된 것은, 이분들의 사상을 모르고는 한국 종교를 알 수 없다는 것이었다. 이런 점들을 알리고 보완하기 위해 바로 이 책을 내는 것이다.

이 책에서 하는 시도는 물론 학술적인 것은 아니다. 종교는 인간의 행동을 변화시킬 수도 있고, 변화시켜야 하기 때문에 학문적인 영역에서만 머물러 있을 수는 없다. 될 수 있는 대로 대중들과 호흡하면서 가진 것을 서로 나누어 가져야만 한다.

5.

이 책은 크게 몇 부분으로 나뉘어 있다. 무엇보다 이분들의 사상은 '개벽'으로 특징지을 수 있기 때문에, 제1장(첫째 마당)에는 개벽과 그에 따른 새로운 한국의 탄생이 어떠할 것인가에 대해 넣어 보았다. 후천 개벽시대에 대한 이분들의 평가와 묘사는 각기 나름대로의 진단 속에서 놀라우리만큼 뛰어난 통찰력을 보여준다. 한 예로 소태산은 한국이라는 나라가 지구상에서 아예 자취도 없었던 일제기 때, 한국이 앞으로 위대한 문명국이 되리라고 점쳤다. 당시의 상황으로 보아 그것은 과대망상증 환자나 할 수 있는 말이었다. 그런데 우리나라는 현재 그 어려운 역경을 딛고 일어나 조금 조금씩 그 예언대로 움직이고 있지 않은가. 물론 지금(1998) 우리는 IMF 사태라는 6 · 25에 버금가는 총체적 위기에 직면해 있지만 내 생각으로는 이 위기도 우리가 정신만 차린다면 슬기롭게 헤쳐 나갈 것 같다. 그 외에도 진리, 수행, 법언과 지혜, 죽음과 제례, 여성(새로운 여성관), 인간, 잡편 등이 포함되는데, 이중에서도 특히 '죽음과 제례'와 '여성' 편을 주목할 필요가 있다.

이분들의 여성과 어린이에 대한 이해를 보면 실로 예언자적인 기지가 무서우리만큼 번득인다. 철저하게 남성 혹은 어른 중심 사회였던 그 시대에 남녀차별 혁파–심지어 어떤 경우에는 여성 우위를 말하기도 했다.–를 강조하고, 앞으로 여성의 시대가 도래한다는 것을 예고했다는 것은 놀라운 일이 아닐 수 없다. 또 종래에 수많은 문제를 일으켜 왔던 장례와 제례에 대해서도 놀랍도록 합리적인 방법으로 새로운 해결책을 제시하고 있다. 이런 혁신적인 사고들은 곳곳에서 발견된다. 모두가 개벽의 선지자다운 말씀이다.

이 책은 여러 선학들의 도움으로 쉽지 않은 과정을 통해 나오게 되었다. 우선 자료 제공이나 조언으로 도와주신 분들로, 항상 격려를 아끼지 않으셨던 천도교의 임운길 전 종무원장님, 숨겨진 좋은 자료를 흔쾌하게 제공해 주셨던 원불교 역촌교당의 김대선 교무님에게 감사드린다. 또 이 책을 출판하기로 결정한 출판사 측에 감사드리고, 편집, 인쇄, 사식, 제본 등 모든 출판 과정에 동참해 주셨던 분들에게 감사드린다. 끝으로 이 책의 주인공들의 사상이 조금이라도 세상에 널리 퍼질 수 있는 기회가 되기를 바라면서 장황한 서론을 끝맺는다.

단기 4331(1998)년 남한산 기슭에서 저자 合掌

차례　한국의 스승, 개벽을 말하다

03 지혜로운 삶이란?

04 인간에 대해

05 수행(修行)은 어떻게 하는 것인가?

06 죽음에 대한 새로운 이해

새로운 한국과 후천개벽시대

현재 인류가 처한 상태를 소태산은 마치 어린아이가 칼을 들고 있는 것과 같다고 비유했다. 정신 수준은 어린아이인데 칼이라는 무서운 무기를 들고 있으니 칼을 유용한 데에 쓰지 못하고 스스로를 해칠지도 모른다는 의미에서 한 말일 게다. 이런 걱정은 맞아 떨어져 결국 인류는 환경 공황이라는, 스스로와 자연을 같이 망치는 딱한 지경에 이르게 되었다. 이와 같이 구한말의 선지자들은 하나같이, 인류 역사 최초로 물질문명이 기승을 부리자—증산은 이 물질 문명을 하늘나라를 본떠 만들어진 것이라고 주장했다.—인류와 정신 수준은 아직 여기에 미치지 못한다고 보고, 정신 개혁이 수반되지 않으면 큰 재앙이 올 것이라고 경고했다. 그런데 여전히 인류의 정신이 개혁되었다는, 아니 적어도 개혁되어 가는 과정이라고 하는 조짐은 보이지 않는다. 현재 인류가 처해 있는 환경 문제는 소비 수준을 현저하게 낮추는 것 외에 다른 방법이 없다.

운이 들어오는 나라, 한국

제자가 물었다. "이 세상의 나라에는 각기 융성하고 쇠퇴하는 진강급(進降級)의 시기가 있다고 하는데, 우리나라는 지금 어떤 시기에 있다고 볼 수 있습니까?"
소태산이 대답했다. "우리나라는 지금 융성하는 진급기에 있다네." (소태산)

소태산은 일제시대라는 당시의 암울한 상황에도 불구하고 한국은 운이 들어오는 시기라고 보았다.

신종교의 교리 가운데에는, 이처럼 우리나라가 앞으로 융성하는 나라가 된다거나, 더 나아가서는 세계의 중심 국가가 된다는 내셔널리즘적인 교리가 항상 포함된다. 이제 선진국의 문턱을 갓 넘어선 지금(2014), 한국의 앞날이 밝다는 말을 한다면 그럴 수도 있다고 할 수 있을 것이다. 그런데 의아스러운 것은 소태산은 한국이라는 나라가 이 지구상에 존재하지도 않던 일제시대에 이와 같은 이야기를 했다. 이것이 신이(神異)로운 이야기가 아니면 어떤 것이 신기한 것일까?

일전에, 지금은 고인이 된 어떤 원로 시인이 일제 때에 자신이 행한 친일 행각에 대해 반성을 표했다. 자신이 생각할 때 당시는 일제 지배가 100년은 계속되어 조선은 완전히 없어질 것 같았다는 것이었다.

이것은 아마 당시 한국인들 대부분의 생각이었을 것이다. 그래서 도 산(島山)과 같은 민족 지도자도 세상을 떠나면서 우리나라의 장래에 대 해 "낙심 말라."라는 소극적인 유언밖에는 남기지 못했는지 모른다.

그러나 소태산과 같은 선지자는 큰 통찰력으로 민족의 장래를 꿰 뚫어 보았다. 아마도 소태산의 이러한 예언에 대해 당시 사람들은 민 족적 콤플렉스의 반영에 불과하다고 콧방귀도 안 뀌었을지 모른다. 실 제로 식민지가 된 제3세계의 많은 국가들은 자문화(自文化) 부흥운동 (Revitalization Movement)을 일으켜 자기 민족이 곧 식민 체제에서 해방될 뿐 아니라 세계를 지배하게 된다고 주장했다. 그러나 이런 생각은 단지 소망에 그치는 경우가 많았다. 한 번도 실현된 적이 없기 때문이다.

그러나 소태산의 예언은 다르다. 현재의 한국 모습을 보면 전체적 으로는 소태산이 예언한 대로 흘러가고 있는 것처럼 보인다. 현재 한 국이 어떤 나라가 되었는가? 6·25전쟁 직후에 세계에서 가장 가난한 나라에서 50년~60년 만에 선진국에 진입하지 않았던가? 그 외에도 대단한 기록이 많다. 국민소득이 50년 만에 약 380배, 국가 총생산량 이 약 750배가 늘어난 나라가 한국이다. 이런 기록은 어느 나라도 갖 고 있지 못하다. 게다가 제국주의 경험을 하지 않고도 선진국이 된 유 일한 나라, 그래서 원조를 받던 나라에서 원조를 주는 나라로 바뀐 유 일한 나라가 이 대한민국이다. 이것은 한국의 운세가 '진급기'에 들어 가 있지 않으면 불가능한 이야기이다.

한국은 정신의 지도국, 종교의 부모국

"우리나라는 정신의 지도국이요, 종교의 부모국입니다. 우리나라를 침해하는 나라는 복을 받지 못할 것입니다. 지금 우리나라 사람 가운데에는 한국 사람이 된 것을 불행하게 생각하는 사람이 있을지 모르지만, 후일에는 한국 사람이 된 것을 다행으로 생각하게 될 것입니다. 힘없는 나라로서 세계에 드러낼 것이 별로 없지만, 오직 단 한 가지, 도덕으로서는 세계 제일이 될 것입니다. 세계 전쟁의 시초는 갑오 동학란으로 인하여 청일전쟁, 러일전쟁, 세계 제2차 대전이 일어난 후 남북이 막혀 있다가, 앞으로 다시 남북이 트이면서 세계가 크게 움직여 한국에서 모든 분쟁이 종결을 짓게 될 것입니다."(정산)

우리나라의 중요성에 대한 정산(원불교 2대 종법사)의 주장이다.

어떤 제자가 정산에게 물었다.

"언제나 남북이 통일하겠습니까?"

"남북 분단은 조선조 오백 년 동안 생긴 업연으로 막힌 것이니, 그 업이 다 사라지고 모든 사람의 마음에 미운 사람이 없어져야 될 것이며, 마음에 척이 쌓여서는 아니 될 것이다."

정산의 선배이던 수운, 증산, 소태산 등은 우리나라가 앞으로 세계의 최상등국이 된다고 막연하게 말한 것에 비해, 정산의 예언은 상당히 구체성을 지닌다.

사실 경제나 군사적으로 우리나라가 구미 여러 나라나 일본을 앞지른다는 것은 현실적으로 대단히 어려운 일일 것이다. 그것은 우리나라 사람들이 못나서 그런 것이 아니라, 이미 세계 경제구조 자체가 선진국 중심으로 짜여 있기 때문이다. 이것을 부수고 선진국 대열에 올라오는 후진국들에 대해서 선진국들은 그 이해 때문에 결코 용납하지 않는다. 지금까지 이 구도를 깨고 후진국에서 선진국 반열에 올라선 것은 일본뿐이라고 경제학자들은 주장한다.

그런데 이 일본에 이어서 일등 국가가 아시아에서 출현할 가능성이 있다고 주장하는 학자가 나왔다. 하버드 대학에서 동아시아학을 전공한 페스트라이쉬 교수가 그 주인공으로, 그에 따르면 한국이 전통문화만 잘 살리면 또 하나의 세계적인 명품 국가로 다시 날 수 있다고 한다. 이 사람은 특히 선비 정신을 주목하는데, 한국이 이런 과거의 정신적인 가치를 되살린다면 세계에, 특히 개발도상국가에 큰 빛을 던져줄 것이라고 갈파했다.

정산 역시 비슷한 시각에서 우리의 미래가 어떤 방향으로 흘러가야 하는지 조망했다. 그래서 우리나라가 세계에 공헌할 수 있는 길은 정신적이거나 종교(도덕)적인 데에 있다고 본 것이다.

김구 선생도 비슷한 지적을 한 적이 있다. 백범은 나라라는 것은 경제력은 먹고 살 만하기만 하면 되고 군사력은 자신을 지킬 만하면 충분하다고 보았다. 대신에 문화를 육성시켜 인의(仁義)가 충만되게 만들어 서로가 서로를 사람답게 만드는 세상을 실현시키면 그게 바로 우리가 지향해야 할 선진국이라고 주장했다.

이러한 지적은 금세기 한국 기독교의 대부라 불렸던 함석헌 옹의 주장에서도 발견된다. 함석헌 옹은 자신의 저서 『뜻으로 본 한국 역사』에서 한국이 처해 있는 정신사적 특수성을 '세계의 모든 종교 및 이데올로기가 남북한에서 서로 대치하고 있는 현실'에서 찾았다. 우리나라에 들어와 있는 이 사상들이 하나같이 가장 퇴폐적인 형태로 타락해 있다는 것이다.

가령 남한의 경우를 보면 우선 서양 자본주의의 단점만 골라 수입한 것 같은 이상한 형태의 자본주의가 팽배해 있다. 그리고 세계에서 가장 보수적인 기독교, 또 이제는 종교적 영향력을 많이 잃어버린 과거의 종교인 유교·불교·신종교 등이 있다. 그런가 하면 북한에는 세계에서 그 유례를 찾아 볼 수 없는, 가장 지독하고 잘못된 공산주의가 있다.

이런 까닭에 함옹은 한국을 세계의 모든 정신적 쓰레기가 쌓여 있는 하수도와 같은 나라로 보았다. 그런데 집안에서는 하수도가 뚫려 있지 않으면 아무것도 제대로 할 수가 없다. 우리나라의 경우가 이와 같아, 만일 이 정신적 하수도에서 모든 정신사조를 융섭할 수 있는 새로운 문화가 일어나서 이 한국이라는 하수도가 소통되지 않으면 세계는 망한다고 본 것이다.

이렇게 우리나라가 중요한 나라라면 정산의 감연한 주장, 즉 우리나라를 침해한 나라는 복을 받지 못한다는 주장도 일리가 있는 말일게다. 정산은 세계의 모든 갈등이 종식되는 때를 남북이 트이는 남북통일기로 잡았다. 그리고 남북통일의 시기도 남북의 모든 인민들의 마음에 조선조의 그 오래되었던 원·한·척이 다 풀리고, 더 이상 쌓이지 않을 때라고 보았다.

과연 우리가 그 길로 가고 있는지 모르겠다. 통일의 시기는 현실적으로 다가오고 있는데, 척이 없어지는 기운은 별로 보이지 않는다. 아니 척이 더 쌓여만 가는 느낌이다. 남한 사회의 편가르기 싸움은 더 심해지고 북한 역시 원한이 엄청나게 늘어나고 있으니 말이다.

물질개벽시대에서 인심(人心)개벽시대로

"지금은 요순이나 공자, 맹자의 덕을 가지고도 평안하게 만들기 힘든 시대인데, 그 이유는 지금이 후천개벽시대인 때문입니다. 선천이 물질개벽시대라면 후천은 인심개벽시대가 되기 때문에, 앞으로 물질문명은 극에 달해 있는 대로 발전하는 반면, 도심(道心)은 더욱 약해져 인심(人心)이 더욱 더 기승을 부릴 것입니다. 그러나 이를 바르게 인도할 수 있는 선천도덕은 이것을 따르지 못하게 되어 일대 개벽이 아니면 세상을 구하기 어려울 것입니다."(해월)

후천시대에 대한 해월의 견해이다. 개벽 사상은 우리의 신종교의 창시자들이 공통적으로 주장하는 사상이다. 이 사상에 따르면 지금 세상은 일대 격변적인 개벽시대에 도래했다고 한다. 선천(先天) 시대의 낡은 가치관을 컴퓨터 프로그램 밀어내듯이 쓸어버리지 않으면 인류의 미래가 밝지 않다는 것이다. 이런 사상을 가장 먼저 주장한 사람은 말할 것도 없이 동학을 창도한 수운 최제우이다.

이 개벽 사상에 대해 해월의 후배인 증산이나 소태산, 정산도 그와 똑같은 결론을 내리고 있다. 중요한 것은 마지막 문장에 "일대 개벽이 아니면 도저히 이 세상을 구할 수 없다."는 것이다. 현금의 우리나라 모습을 보면 정말로 다시 새로운 개벽이 없으면 안 되겠다는 생각이 너무나 강하게 든다. 도심(道心), 즉 이웃을 사랑하는 마음과 공동체 의식은 갈수록 약해지고, 인심(人心), 즉 자기와 자기 가족, 파벌만을 위하는 이기주의는 갈수록 심해지고 있다. 지금 상태로는 도저히 도심이 인심을 당해 낼 수 있을 것 같지가 않다. 21세기 초 한국의 스트레스 지수는 자꾸 높아만 가니 말이다.

그러기에 소태산은 원불교의 중심 강령인 "물질이 개벽하니 정신을 개벽하자."는 대대적인 슬로건을 남겼다. 우리나라를 비롯해 전 세계적으로 사람 사는 생활은 갈수록 인간 생존에 불리해지고 있다. 대표적인 것이 환경문제이다. 인류가 지금 식대로 자기 내지는 자기 집단만을 물질적으로 위하는 생활방식을 고수해 나간다면 인류가 멸망한다는 것은 기정사실처럼 되어 있다. 환경문제야말로 사람들의 가치관에 일대 개벽이 일어나지 않으면 절대로 풀 수 없는 문제이다. 증산은 마음 바꾸는 것이 죽기보다 힘들다고 했다. 조그만 일에 대해 마음 바꾸는 것도 힘든데 환경문제와 같이 자신의 생활방식이나 사고방식에 일대 혁신을 가하는 것은 아예 불가능한 일일지도 모른다. 더 늦기 전에 살 길을 찾아야 한다.

개벽의 시기

어떤 제자가 해월에게 물었다.

"어느 때가 돼야 개벽이 되겠습니까?"

해월이 대답하기를,

"산이 다 검게 변하고, 길에 다 비단이 펼쳐지고, 만국과 교역할 때이지."

다시 제자가 묻기를,

"어느 때에 그같이 되겠습니까?"

해월이 다시 대답하기를,

"때는 그 때가 있으니 마음을 급하게 갖지 말게. 기다리지 않아도 때는 자연히 오게 되니, 그 때는 만국 병마가 우리나라 땅에 왔다가 후퇴하는 때일 것이야."(해월)

이 글은 비결과 같은 투로 되어 있어 그 정확한 내용을 이해하기 어렵다. 우선 '산이 다 검게 변한다'는 것에 대해서는 어떠한 추측도 하기 힘들다. 그다음 문구인 '길 위의 비단'도 추측하기 힘들지만, 도로가 당시로서는 상상할 수 없을 정도로 좋아지는–아스팔트 포장같이–즉 교통수단의 혁명화를 의미하는 것 아닌지 생각해 본다. 이렇게 교통이 편해지니 그다음 단계로 만국과의 교역이 가능해질 게고 말이다.

이러한 가정을 그대로 따른다면, 대한민국이 단군조선 이래 본격적으로 세계 각국과 교역을 한 것은 산업화가 시작된 1960년대 이후의 일이다. 또 이때부터 우리의 국력은 해외로 뻗어 나가기 시작했다. 지금까지 산업화 과정에서 생긴 수많은 부작용에도 불구하고, 역사적으로 보면 우리 국력이 고구려 이래 가장 강성한 때는 바로 지금 아닌지 모르겠다. 소태산도 이미 암울한 일제시대 때 우리나라가 진급기에 있다고 예언했다.

마지막으로 해월은 많은 나라의 군대가 우리 땅에 왔다가 돌아가면 개벽이 이루어진다고 했는데, 실제로 구한말 때 청·일본의 군대가 이 땅을 다녀갔다. 문제는 그중에서 아직 가지 않은 세력이 있다는 것이다. 바로 미국 군대이다. 게다가 이 미국 군대는 유사시 우리 국군에 대한 작전권을 갖게 된다. 이 사실은 아직도 우리가 민족적 주체성을 제대로 확립하고 있지 못하고 있다는 사실을 상징적으로 보여 준다. 그러나 이들은 분명히 철수할 것이고, 이들이 철수할 정도로 우리가 홀로 설 수 있게 될 때, 해월이 말하는 진정한 개벽이 성취되는 것 아닌지 모르겠다. 이렇게 우리가 홀로 설 수 있게 되는 때라는 것은 바로 남북통일이 되고 지금의 엄청난 혼란을 모두 극복할 뿐만 아니라 수많은 문제로 암울하기만 한 전 세계에게 빛을 던져 줄 수 있는 새로운 비전을 창출해 내는 때를 의미할 수도 있다. 이렇게만 된다면 그것은 진정한 개벽이 아닐 수 없다.

없어지는 신분 차별

증산이 제자의 종에게 항상 경어를 쓰자 제자가 말했다.

"이 사람은 저의 종이니 존대하지 않으셔도 됩니다."

그러자 증산이 말했다.

"이 사람은 자네의 종이지 내 종은 아니니 나와는 아무런 관계도 없는 사람이네. 자네도 비록 이 마을에서는 어려서부터 살았던 관계로 버릇을 고치기 힘들겠지만, 다른 마을에 가면 누구에게나 존댓말을 써야 할 걸세. 앞으로 오는 세상에는 더 이상 적서의 차별이나 반상의 구별이 없을 것이네."(증산)

증산은 민중 종교가들이 대부분 그랬듯이 계급평등, 남녀 평등과 같은 평등 의식을 많이 강조했다. 또 다른 민중 종교가를 예로 들어 보면, 조선의 뿌리 깊은 병폐였던-물론 당시는 조선뿐만 아니라 전 세계가 인권 문제에 관한 한 암흑기였지만-신분제나 남녀 차별 문제 등을 조선 역사상 최초로, 거국적인 규모로 그 개혁을 주장하고 나온 수운을 들 수 있을 것이다.

종교란 철학자와는 달리 품고 있는 혁신적인 생각을 곧 실행에 옮기는 사람을 말한다. 이미 알려진 사실이지만, 수운은 자신이 경주 최씨 가문이었음에도 불구하고 평등사상을 실천에 옮기기 위해 자신의 여자 종들을 해방시켰다. 뿐만 아니라 여기에서 그치지 않고 한 사람은 며느리로, 다른 한 사람은 수양딸로 맞아들이기까지 한다. 그런가 하면 해월은 두 번째 부인으로 자식을 하나 둔 과부를 맞아들임으로써 과부개가 금지법 철폐를 직접 실행에 옮겼다.

민중 종교가들은 인류 역사 시작 이래로 있어 왔던 신분 차별제가 후천세계에 들어서면서 맨 처음으로 없어질 것이라고 예언했다. 그리고 이 예언은 정확히 맞아떨어져 인류 역사 최초로, 이제 인류는 적어도 이념적으로나마 모든 인류가 평등하다는 의식을 갖게 되었다.

사실 이러한 인간 평등에 대한 주장은 2~3천 년 전에 이미 붓다나 예수와 같은 성인들이 주장한 것이었다. 그러나 이 교리는 19세기 말에 와서야 비로소 실천에 옮겨지기 시작했다. 이런 의미에서라도 19세기 말 20세기 초는 분명 개벽의 시기로 보아야 할 것이다. 앞으로 인류 역사는 이러한 보편적인 인간 존중 정신이 경제나 과학의 발달에 힘입어서 더욱 확고해지는 방향으로 진보해 나갈 것이다.

그러나 이렇게 영성이 높아지는 것과 함께 마성(魔性)이 높아진다는 것을 잊어서는 안 된다. 현대에 보이는 여러 문제들이 바로 이 마성, 즉 부정적인 기운이 강해졌다는 것을 보여준다. 그러나 인류의 정신 연령은 분명 이전보다 높아졌다. 정치나 경제나 사회적 차원에서 많은 국제기구가 생긴 것은 그 사정을 보여준다. 그리고 아무리 적이라도 전쟁 중에 포로가 되면 인도적으로 대하는 것 같은 것도 이전과는 판연히 다른 모습이다(이전에는 포로들은 다 죽이지 않으면 노예로 삼았다.).

살 사람과 죽을 사람

증산이 제자에게 물었다.

"후천시대에 죽어야 할 사람이 누구인지 자네는 아는가?"

"(사회를 정신적으로 이끌고 나가야 할) 종교인(도인) 가운데 겉과 속이
다른 자가 먼저 죽어야 합니다."

증산은 자신의 의견을 밝히지 않고 다시 물었다.

"그러면 살 사람은 누군지 알겠는가?"

"들에서 농사짓거나 산에서 화전으로 농사지으면서 사는 사람
들, 또 다른 사람한테 맞고도 대항하지 못하는 사람이 살아야
할 것입니다."

"자네 말이 맞네. 바로 이 사람들(소외받는 계층)이야말로 앞으로
오게 될 후천개벽시대의 주인이 될 상등(上等)사람이라네."(증산)

증산은 제자의 첫 번째 대답에 확실한 대답을 하지는 않았지만, 우
리는 그 이후 대답에서 많은 공감을 느낄 수 있다.

물론 오늘날 훌륭한 종교인이 없는 것은 아니다. 하지만 우리나라
종교계를 돌아보면 정말로 이 제자의 답변대로 되면 종교인 가운데
살아남을 사람이 몇이나 될는지 궁금하다. 정치가들이야 원래 세계
적으로 알려진 대로 거짓말쟁이들이나 하는 직업, 또는 거짓말쟁이가

되는 직업이니 그렇다고 하자. 하지만 사랑, 자비, 인과 같이 가장 인간적인 덕목을 가르친다는 종교인들이 정치가에게도 못 미치는 유치한 반목상을 일삼는 것을 보면, 저런 사람들이 어떻게 종교 지도자가 되었을까 하는 의구심이 물밀듯이 몰려든다. 그런데 더욱더 이상한 것은 그런 종교인들이 하는 교회나 사찰일수록 많은 신도들이 모인다는 사실이다. 그 지도자에 그 신도일 뿐이다. 부처님 말씀처럼 장님이 장님을 인도하는 형국이다.

제자의 두 번째 대답과 그에 대한 증산의 대답 역시 많은 생각할 거리를 제공한다. 앞으로 오는 좋은 세상에는 들농사나 화전을 일구는 농민들, 맞아도 대항 못하는 아무 힘없는 계층이 상등민이 되어 주인이 된다고 했는데 상황이 물론 많이 달라지기는 했지만 여건이 그리 좋아진 것은 아니다. 또 앞으로도 당분간은 이런 계층의 사정이 크게 좋아질 것 같지도 않다. 증산은 농민들에 대해 특히 큰 애정을 갖고 있었는데 그런 생각 때문에 이런 견해가 나온 것 아닐까?

증산은 또 다른 때에 조선조 중엽 이후 유행했던 '남(南)조선 사상'에 대해 이렇게 말한 적이 있다. 남조선 사상이란 원래 조선 남쪽에 난을 피해 낙원처럼 살 수 있는 땅이 있다는 것을 말하는 사상인데, 증산은 여기에 전혀 다른 해석을 가했다. 증산에 의하면 남조선 사람이란 남은 조선 사람을 말한다. 동서 각파에 다 찢기고 어디에도 (어느 종교에도) 갈 데가 없어 어쩔 수 없이 그 자리에 남게 된 사람을 말한다. 다시 말해서 외래종교를 믿지 않고 굳건히 토속 신앙을 지킨 사람이 그런 사람들이다. 이렇게 배알이 있는 사람만이 낙원에 들어 갈 수 있다는 것이다. 그러면 지금처럼 외래 사상이 판치는 '남조선(South Korea)'의 상황을 증산이 보면 무엇이라고 할지 여간 궁금한 게 아니다.

민중 종교가들의 예언은 꼭 그렇게 된다는 것에서도 의미를 찾을 수 있겠지만, 또 다른 한편으로는 우리가 계속 추구해야 할 이상형의 세계를 하나의 모델로 제시했다는 데에서도 의미를 찾을 수 있다. 그리고 후천세계는 그 제시된 이상을 실현하기 위해 부단히 노력하는 과정을 통해서 온다고 볼 수 있다. 어쩌면 그 노력하는 과정 자체가 후천 세계인지도 모른다.

개벽시대의 윤리

"어리석고, 가난하고, 천하고, 약한 것을 오히려 편하게 생각하여 마음이나 입 등으로 짓는 모든 죄를 조심하고, 다른 사람에게 원한을 지어서는 절대로 안 되오. 앞으로 돈 많고, 지위 높고, 많이 배우고, 큰 권력 가진 자들은 모두 그 지은 척에 걸려 콩나물 뽑히듯이 쓰러져 나가게 될 것이오, 또 부잣집의 마루나 방, 혹은 곳간에는 살기와 재앙이 가득 차 있으니 조심해야 하오."(증산)

새로 열리는 개벽시대에 주의해야 할 점에 대해 증산은 이렇게 말했다. 이는 실로 민중 종교가다운 힘과 뼈대가 있는 법문이다.

그러나 증산의 예언 중 여성과 반상·적서 차별 폐지 등은 비교적 정확히 들어맞은 데 비해, 위의 '후천시대에는 소외받는 계층이 대접을 받고, 온갖 기득권자들은 척의 압력으로 죽어 나자빠지게 된다.'는 얘기는 아직 실현이 안 된 느낌이다.

특히 남한의 정치나 사회적 현실은 오히려 반대의 역사로만 점철되어 온 듯하다. 그러나 증산의 말이 틀린 것만은 아닌 것이, 우리는 지난 수십 년 동안 잘나가던 정치가나 기업인 같은 기득권자들이 맥없이 무너지는 모습을 많이 보았다. 가령 벌써 한참 된 일이지만 전직 대통령을 두 명 씩이나 감옥으로 보냈고, 대통령 아들도 교도소에 수감시킨 것 등이 그것이다. 또 재직 중에 만들어 놓은 불법 비자금을 끝까지 안 내놓겠다고 하다 최근에 뱉어내기 시작한 전(前) 대통령도 있다. 또 불법을 저지른 재벌 회장들도 예외가 아니다. 여차하면 감옥행이다. 이전에는 대충 풀어주곤 했는데 사정이 많이 달라졌다.

이러한 일은 과거에는 상상도 못하는 일이었다. 현재의 사회 기강은 물론 아직 문제가 많지만 크게 보면 이전과는 비교가 안 될 정도로 잡혀진 것 역시 사실이다.

후천개벽시대의 변화

"앞으로 개벽시대가 되면 불을 때지 않아도 밥을 지어 먹을 수 있고, 손에 흙을 묻히지 않아도 농사를 지을 수 있을 것이오. 그런가 하면 각 동네에는 등대를 하나씩 세워 온 동네가 밤에도 낮처럼 밝을 것이며, 석탄을 쓰지 않고도 가는 기차가 나와 몇만 리를 순식간에 가게 될 것이오. 또 문고리나 옷, 신발 등도 금과 같이 귀한 것으로 만들어질 것이며, 곡식 종자도 한 번만 뿌리면 계속 매년 거두어들이기만 하면 되는 신품종이 나올 것이오."(증산)

증산이 묘사한 후천개벽시대의 모습은 크게 두 가지로 나누어 말할 수 있다. 사회적 개혁과 물질적 변혁이 그것으로, 증산만큼 이러한 변화에 대해 소상히 언급한 선지자도 드물다. 특히 물질적 개벽에 대해서 이와 같이 구체적인 예언을 하고 있는데, 증산의 후학들에 의하면 전자제품, 비행기, 전화기 등과 같은 문명의 이기들의 발명이 증산에 의해 정확하게 예언되었다고 한다. 즉 불을 안 때도 밥을 지어먹게 된 것은 전기밥솥의 발명이요, 손에 흙을 묻히지 않아도 농사짓게 된 것은 과학적인 농기구의 발명이며, 각 동네마다 등대를 하나씩 세우는 것은 전구가 발명되어 밤에도 밝아지게 된 것을 말하고, 비행기가 발명돼 수만 리를 순식간에 가고, 옷이나 신발들의 고급화도 이전에는 상상할 수 없는, 다시 말해 현대인들은 보통 사람들도 조선조의 임금보다 더 수준 높은 생활을 영위하게 된 것이 그것이라는 것이다.

이에 비해 소태산은 위와 같이 물질의 변혁에 대해서 구체적으로 이야기하지는 않았다. 대신 이 물질문명이 갖고 올 폐해를 경고했으니 "물질이 개벽하니 정신도 개벽하자."라는 원불교의 표어가 그것이다. 현재 인류가 처한 상태를 소태산은 마치 어린아이가 칼을 들고 있는 것과 같다고 비유했다. 정신 수준은 어린아이인데 칼이라는 무서운 무기를 들고 있으니 칼을 유용한 데에 쓰지 못하고 스스로를 해칠지도 모른다는 의미에서 한 말일 게다. 이런 걱정은 맞아 떨어져 결국 인류는 환경 공황이라는, 스스로와 자연을 같이 망치는 딱한 지경에 이르게 되었다. 이와 같이 구한말의 선지자들은 하나같이, 인류 역사 최초로 물질문명이 기승을 부리자—증산은 이 물질 문명을 하늘나라를 본떠 만들어진 것이라고 주장했다.—인류와 정신 수준은 아직 여기에 미치지 못한다고 보고, 정신 개혁이 수반되지 않으면 큰 재앙이 올 것이라고 경고했다. 그런데 여전히 인류의 정신이 개혁되었다는, 아니 적어도 개혁되어 가는 과정이라고 하는 조짐은 보이지 않는다. 현재 인류가 처해 있는 환경 문제는 소비 수준을 현저하게 낮추는 것 외에 다른 방법이 없다. 그러려면 잘 사는 나라들이 발 벗고 앞장서야 하는데 그럴 기색이 별로 보이지 않는다. 예를 들어 온실가스를 감축하자는 교토 의정서에 서명을 끝까지 하지 않았던 미국이 대표적인 예이다.

해원개벽시대의 양상

"앞으로는 원한이 다 풀어지고, 더 이상 생기지도 않을 해원개
벽시대가 올 것이오. 그러면 사람도 이름 없는 사람이 세력을
갖게 되고, 땅도 이름 없는 땅에 좋은 운이 돌아오게 될 것이
오."(증산)

앞으로 도래할 유토피아적인 해원개벽시대의 모습을 증산은 위와
같이 예언했다.

증산의 중심 사상은 해원상생(解寃相生)이다. 증산에 의하면, 선천 시
대는 생성 초기부터 그 틀(framework)이 잘못 짜여졌기 때문에 원한이 생
겨났고, 점차로 그 원한이 쌓여져 이제는 인간 세상이 모두 폭발될 지
경에까지 이르게 되었다고 한다.

증산이 이 세상에 온 것은 바로 원한으로 인해 멸망 지경에 빠진 인
류들을 구제하기 위해서이다. 이를 위해 증산은 자신의 9년 동안의 공
생활(公生活)을 이 세상의 원한을 푸는 의식인 천지공사로 일관했다.

돌아오는, 혹은 이미 도래했을지도 모를 후천 시대는 더 이상 원한
이 없는 유토피아적인 시대라고 한다. 따라서 어떤 신분 계층도 더 이
상 외적인 요인 때문에 소외받지 않게 될 것이다. 과거 신분제 중심의
봉건 사회와 비교해 볼 때, 이 예언은 부분적이지만 상당히 실현되었

다. 우리 주위에서 과거와 같은 신분 차별을 더 이상 찾아볼 수 없기 때문이다.

그러나 그렇다고 해서 이 이상향이 실제로 이 지구상에 펼쳐질 수는 없다. 민중 종교의 창시자들은 이것을 모를 리 없다. 다만 그들은 억압과 한탄 속에서 몇 천 년을 지내왔을 민중들에게 큰 희망을 주고, 그들을 움직이기 위해서 강한 모티프(motif)를 던진 것이다.

민중 종교의 창시자들은 과거 수천 년의 어두웠던 역사를 청산하고, 밝은 세상을 열 수 있는 장본인은 바로 자신들이라는 큰 자신감을 피력한다. 그러기에 하나의 종교를 열 수 있었고, 불완전할 뿐만 아니라 앞으로도 완성되기 힘든 인간 세상이 자신들에 의해서 완성된다는 감연한 주장도 할 수 있는 것이다.

그런데 문제는 신종교의 교주 가운데 거의 100%가 가짜인 교주는 물론 함량 미달인 교주가 너무 많다는 것이다. 이런 교주들과 진정한 교주들을 구별하는 능력을 일반 사람들은 어떻게 가질 수 있을까? 그저 상식적으로 생각하고 스스로 솔직하게 대하는 것 이외에 유별난 방법은 없을 게다. 그런데 이게 잘 안 되는 모양이다.

선천과 후천

"선천과 후천을 비교해 보면, 우선 연령으로 보면 서른 살 이전과 서른 살 이후요, 사람이라면 철나기 전과 철난 후이며, 생활이라면 타력(他力) 생활과 자력(自力) 생활이요, 하루라면 밤과 낮이며, 종교라면 신화적인 것과 사실적인 것이요, 정치라면 군국주의 · 전제주의와 합의주의(合議主義) · 민주주의(民主主義)이며, 치세라면 권모술수와 언행 구비요, 사물이라면 분리와 합치이며, 기운이라면 하향과 상향이요, 상태라면 정(靜)과 동(動)이며, 본위라면 천존(天尊)과 인존(人尊)입니다."

또 말하기를,

"선천은 아버지와 같고 후천은 어머니와 같습니다. 아버지는 위에서 내려오고 어머니는 아래에서 올라옵니다. 그래서 지금은 여자가 힘을 내는 시대인 것입니다."(정산)

"선천 시대는 부모가 어린아이를 끼고 기르는 때라면, 후천 시대는 아이가 자라서 성인으로서 부모에게 보은하는 시기와 같습니다. 지금 세계 여기저기서 가끔 혁명이 일어나는 것은 인류가 어린아이의 태를 벗어나 어른으로 성장해 보겠다는 울부짖음인 것이요, 선후천이 바뀌는 데 따라 일어나는 현상이기 때문에 사람의 힘으로는 억제하기 어렵습니다. 어른의 생활이란 스스로 힘을 길러 자유롭게 보은하는 것을 말하기 때문입니다."

(정산)

정산은 선천 시대와 후천 시대의 차이점을 여러 각도에서 비유했다. 선천과 후천의 차이를 이렇게 소상하게 구체적으로 언급한 것은 다른 신종교 경전에서는 그 유례를 찾아볼 수 없다.

여기에서 후천은 선천에 비해 인지가 깨는 시대이며, 그래서 좀 더 많은 사람이 인간다운 생활을 하게 되고, 인류가 최초로 자기 혼자 힘으로 존립하는 시대로 묘사된다.

사실 인류의 가장 이상적인 모습에 대해서는 이미 2천 내지 2천 5백 년 전에 – 야스퍼스가 말하는 차축 시대 – 인도의 석가모니, 중국의 공자와 노자, 이란의 조로아스터, 이스라엘의 예수와 같은 세계 최고의 성인들이 가르친 바 있다. 그러나 그분들이 가르쳐 준 덕목들, 그러니까 인간의 본래적 평등이나 사랑, 자비(慈悲), 인(仁) 등은 지난 역사 동안 한 번도 제대로 실행된 적이 없다.

가령 지극히 최근인 백 년 전까지만 해도 전 인류의 상당한 수를 차지하는 사람들이 선천적으로 노예나 불가촉천민이라는 계층으로 분류되어 인간 대접을 받지 못하고 살았다. 이러한 현실이 우리가 신봉하고 있던 불교, 기독교 등의 평등 이념에 어긋나는 것임에도 불구하고 여기에 의문을 품는 사람은 거의 없었다.

더욱 놀라운 것은 항상 인류의 절반을 차지했던 여성들에 대한 억압이다. 종교의 교조들은—특히 예수의 경우—모든 여성들에 대한 기회 평등을 주장했는데도, 사람(남자)들은 수천 년 동안 여성들을 갖은 방법으로 억압해 왔고, 그것에 대해 아무런 의문을 표시하지 않았다. 그리고 이러한 가치관들은 백여 년 전에 비로소, 인류 문명이 생긴 이후 처음으로 도전받기 시작하여 노예제도가 사라지고,—적어도 원리적으로는—여성들에 대한 대우도 비교할 수 없을 정도로 좋아졌다.

바로 이렇게 바뀌기 시작한 시대가 우리나라에서는 구한말 신종교가 태동하던 시대와 일치하는데, 신종교의 교조들은 바로 이때 개벽을 부르짖었던 것이다. 이런 면에서 인류 역사는 틀림없이 진보의 길을 걷고 있다고 보아도 된다.

서양의 침입을 한탄하며

"요즈음 전해 오는 세상 말이 요망한 서양 도적들이 중국을 침범해서 성당을 높이 세우고 자기네 도를 천하에 퍼뜨린다 하니 우스워서 참을 수가 없소. 그런데 이 동쪽 나라의 어린 백성들이 삼강오륜 다 버리고 남녀노소 하인들 가릴 것 없이 무리를 지어 다니면서 허송세월을 하고 있으니 한심하오. 참 우습기 짝이 없소. 저 서교(기독교)인들은 혼이 없다고 하면서 제 부모가 죽어도 제사조차 안 지내고 오륜에서 벗어난 채 속죄하기만을 바라니 이 무슨 변고요. 부모의 혼백은 없다고 하면서도 자기의 혼백은 죽어서 천당을 간다고 하니, 그런 아둔한 소리 하지 마시오. 그런 말 다 버리고 한울님을 공경하면 우리나라에 몇 년 동안이나 퍼졌던 전염병도 물리칠 수 있소. 허무맹랑한 서교인들의 풍속은 들어 보면 가관이고 보고 나니 한탄만 나온다오."(수운)

수운은 18세기 말 이래로 천주교가 우리나라에 들어오면서 전개되던 상황을 이렇게 꼬집어 말했다. 수운은 여기에서 조선조 유생답게 가장 유교적인 관점에서 기독교를 비판하고 있다. 제사란 조선조(혹은 중국) 전 왕조 동안을 지탱해 온 통치이념의 근간이자 유학적인 삶의 중심을 이루는 종교 의례이다. 제사는 종교 의례일 뿐만 아니라 조선 사회의 가부장제를 초월적인 의미에서 받쳐주는 중요한 버팀목이기도 하다. 제사권을 장남에게만 상속시키는 것은 장남의 권위를 조상의 초월적인 권위를 빌려 강화시키는 것이다. 장남 혹은 종손은 그 권위를 갖고 자신의 집안에서 대단히 막강한 권력을 지니게 된다. 이것은 마치 나라의 임금이 온 백성의 어버이로서 종묘와 사직에 제사 지내며 무소불위의 권력을 갖는 것과 같은 것이다. 교통수단이나 통신수단이 발달하지 못했던 옛날에는 강한 통치 조직을 가질 수 없었기 때문에 한 집안을 강한 가부장제로 묶음으로써 간접적인 통치를 꾀하려 했다. 조선조에서 가부장제가 발달한 이유는 바로 이 때문이었다. 따라서 이런 중요한 의미를 지닌 제사를 부정한다는 것은 요새 말로 하면 국가전복죄 혹은 국가보안법 위반에 해당한다고 하겠다. 당연한 결과로 제사를 거부한 자들에게는 사형과 같은 엄중한 벌이 내려졌다. 이때 죽은 사람들은 기독교 입장에서 보면 순교자일는지 모르지만 조선의 입장에서 보면 역모자이다.

남의 나라에 들어와서 선교하면서 그 나라의 문화전통을 무시하는 기독교의 선교 정책은 전형적인 문화 제국주의적 태도라 할 수 있다. 자기들의 문화만이 보편적인 것이고 다른 나라의 문화는 그보다 못한 변방문화에 불과하다는 관점을 기본적으로 깔고 있기 때문이다. 자기 종교만이 진리라고 하거나 자기 종교가 가장 우수하다고 믿고 다른 종교들을 무시하는 것이 당시 기독교 선교사들의 일반적인 태도였다. 입장을 바꿔 만일 유교 선교사가 로마에 가서 천주교의 미사

의식은 전부 틀린 것이니 앞으로는 유교식의 제사를 드리라고 하면 바티칸의 당국자들이 가만있을까? 그들의 반응은 추정해 볼 필요도 없다. 극렬한 저항이 있을 것이기 때문이다. 어떤 종교인이든 남이 싫어하는 일은 하지 말아야 한다. 자기가 당하고 싶지 않은 일은 남에게도 하지 말아야 하기 때문이다(이게 『기독경』에서 말하는 '황금률'이다).

그런데 교회에서 제사 지내지 말라고 한다고 해서 당장 제사 드리기를 폐(廢)하는 한국의 기독교(특히 개신교)인들도 문제가 있다. 지금 한국인들이 받아들인 기독교는 편협하고 문화 제국주의의 시각을 가진 서양문화에서 이 천년 동안 형성된 것이고, 특히 우리가 받아들인 개신교는 다시 한 번 미국식(근본주의)으로 탈바꿈한 것이다. 따라서 우리 실정에 안 맞는 것이 너무도 많다. 예수님의 종교적인 원체험은 매우 보편적인 것이라 얼마든지 변용이 가능하고 다양한 해석을 할 수 있다. 우리는 서양 식의 편협한 기독교를 따라갈 필요도 없고 그래서도 안 된다. 위의 글에서 재미있는 부분은 기독교인들이 제사를 부정함으로써 혼백의 존재는 부정해 놓고, 왜 자기 영혼은 있다고 믿어 혼자만 천당에 가려고 하느냐는 수운의 비판이다. 서양에서는 부모 자식 간의 관계가 우리만큼 소중하지 않기 때문에 부모에 대한 배려가 우리에 비해 매우 약하다. 보통 우리문화가 부자간의 관계가 가장 중요시되는 집단주의 문화라 한다면 서양의 문화는 부부간의 관계가 중요시되는 개인주의의 문화라 말해진다. 그런데 지금은 우리 문화도 서양의 부부중심의 문화 쪽으로 많이 옮겨 간 것 같다.

02

진리에 대하여

우리 몸의 본원의 생명력이란 바로 우리의 마음이다. 마음을 어떻게 다스리느냐에 따라, 우리 몸의 건강 여부가 판가름 나는 것이다. 그러므로 동양의 모든 수련은 바로 이 마음을 닦는 것을 기본으로 한다. 그러면 가장 좋은 마음 닦는 법은 무엇일까? 지금까지 모든 성인들이 말씀한 것을 종합해 보면, 자신을 위해서는 기본적인 것만 챙기고 그 외에는 가능한 한 다른 사람이나 사회 공익을 위하는 데에서 기쁨을 느끼려고 하는 것이 가장 좋은 마음 닦는 법인 것 같다. 욕심은 탁한 기를 만들어 내고 탁기는 몸의 기혈의 순환을 방해한다. 이렇게 되면 병에 걸리는 것이다. 이때 지난 과거에 대한 총체적인 회개는 병을 치료하는 첫 번째 단계가 된다.

해월의 자연관

"하늘과 땅은 부모와 같고, 부모는 하늘이나 땅과 같기 때문에 하늘과 땅과 부모는 한몸입니다. 따라서 부모의 포태(임신)가 바로 하늘과 땅의 포태(임신)인데, 지금 사람들은 다만 부모 포태만 알아 섬길 줄 알지 하늘과 땅의 포태의 기운은 알지 못하고 있습니다." (해월)

해월은 천지, 즉 하늘과 땅을 살아 있는 부모와 같은 것으로 생각했다. 다시 말해 근대 서양에서와 같이 자연을 인간의 정복 대상으로서만 본 것이 아니라, 바로 우리를 낳고, 키워 주고, 더 나아가서는 우리가 돌아가야 할 귀착지로 본 것이다.

이 관점은 자연을 살아 있는 것으로 보는 동양의 전통적인 자연관을 한층 더 넘어서서, 부모님과 같이 공경해야 한다는 식으로 발전시킨 것으로, 환경운동에 좋은 이념을 제공해 주고 있다.

"한울(하늘)은 우리를 덮고 있고, 땅은 우리를 싣고 있으니 큰 덕이 아니고 무엇이며, 해와 달이 우리를 비추고 있으니 이 어찌 은혜가 아니고 무엇이며, 만물은 화(化)에 생겨나니 천지 이기(理氣)의 조화가 아니고 무엇이겠습니까?"

해월은 여기에서도 여전히 자연에 대한 공경심을 잃지 말 것을 가르치고 있다.

이 글은 마치 소태산이 설법한 네 가지 은혜(四恩; 천지은, 부모은, 동포은, 법률은을 말한다)를 연상케 한다. 내용도 양자가 거의 비슷하다. 다만 해월의 제자들에 의한 윤색인지는 몰라도, 이기(理氣)와 같은 성리학적인 용어가 들어 있음이 눈에 띈다.

"우주에는 (모든 것이 서로 연결되어 있는) 혼원한 한 기운이 가득 차 있기 때문에 한 걸음이라도 감히 경솔하게 걸어서는 안 될 것입니다.

어느 날, 내가 한가롭게 있는데 한 어린이가 나막신을 신고 빠르게 앞을 지나갔습니다. 그런데 그 소리가 땅을 울리게 해서 나는 깜짝 놀라 일어나 가슴을 어루만지며, '그 어린이의 나막신 소리에 내 가슴이 다 아프네.'라고 말한 적이 있습니다.

땅을 소중히 여기기를 어머님의 살같이 해야 합니다. 어머님의 살이 소중합니까, 버선이 더 소중합니까? 이 이치를 바로 알고, 공경하고 두려워하는 마음으로 행동하면, 아무리 큰 비가 내려도 신발이 조금도 젖지 아니할 것입니다. 이 현묘한 이치는 아는 이가 적을 뿐만 아니라, 행하는 이는 더욱 드물 것입니다. 나는 오늘 처음으로 큰 도의 본 모습을 말한 것입니다."

이 구절, 그 가운데에서도 앞 문단의 이야기는 그냥 지나치기 쉬운 내용이다. 그러나 이것은 해월이 도달한 지극한 경지를 알 수 있는 대단히 중요한 문장이다. 즉 해월은 이미 천지와 하나가 되어 천지의 느낌을 자기의 느낌으로 할 뿐 아니라, 천지에 해(害)가 되면 즉시 자신도 같은 해를 느끼는 경지에 도달한 것이다.

이 일화는 또 근세 인도의 최고 요기였던 라마크리슈나의 일화를 생각나게 한다. 한 번은 어떤 사람이 라마크리슈나의 옆으로 소를 끌고 가면서, 길을 재촉하느라 소를 채찍으로 때린 모양이다. 그러자 그는 마치 자신이 맞은 것처럼 큰 아픔을 느끼고 주춤했다고 한다. 해월과 라마크리슈나는 모두 온 우주의 생명들과 이미 하나가 된 성자들인지라, 중생들의 아픔을 똑같이 자신의 것으로 느꼈던 것이다. 불교식으로 하면 보살의 동비(同悲)사상, 즉 중생의 슬픔을 똑같이 감수하고 나누는 보살적 행위라 할 수 있다.

이렇게 해월이나 라마크리슈나와 같이 자연을 생각한다면, 아니 더 나아가서 자연과 하나됨을 느낀다면, 금세기의 환경 문제는 그 심각성의 진전 정도가 많이 늦춰질 것이다. 만일 정말로 우리가 이렇게 느낀다면 환경 문제는 더 이상 존재하지 않을 것이다.

그러나 이렇게 느낄 수 있는 경지에 올라간다는 것은 종교적으로 축복받은 극소수의 천재들만이 가능한 것이다. 따라서 인류 대다수가 이런 경지에 오르리라고 기대하는 것은 실제적으로는 불가능하다. 아니, 지도자층에 있는 사람만이라도 이런 경지에 올라가면 될 터이나 이것 역시 쉽지 않다. 본시 영적으로 높은 사람들은 이렇게 탁한 세상에서 지도자가 될 수 없는 법이다.

한편 땅을 어머니 살같이 여기라는 말은 북미 대륙에 살았던 인디언들의 자연관을 연상하게 한다. 서부 약탈 시대 때, 땅을 팔라는 백인들의 권유에 인디언 추장이 백인들에게 보냈다는 편지가 아직도 남아 있다. 그것을 보면, 땅이란 바로 어머니 같은 것인데 어떻게 어머니를 사고팔면서 자신의 사유(私有)로 할 수 있느냐는 문구가 나온다. 또 대지의 나무나 풀들은 어머니의 털이라 어머니의 허락 없이 함부로 베어서는 안 되고, 그곳에 사는 동물은 우리와 같이 어머니 품속에 사는 형제들이라 어쩔 수 없는 경우를 제외하고는 함부로 다루어서는 안 되며, 강이나 시내는 어머니의 젖줄이기 때문에 마구 해서는 안 된다고, 가장 전근대적이면서도 현대적인 자연관을 그 추장은 피력하고 있다.

이러한 인디언의 소박한 자연관을 미국인들은 미신이라고 비웃었을 게 틀림없다. 그러나 아이러니컬하게도 지금은 인디언의 이 소박한 자연관을 되살리지 않으면 환경 겁난의 극복이 가능하지 않게 되었으니, 역사가 살아 있음을 여기서 알 수 있다.

하늘은 밥이다

"한울님은 사람에 의지하고 사람은 먹는 데 의지하게 되니, 모든 것을 안다는 것은 단지 밥 한 그릇을 먹는 이치를 아는 데에 있습니다. 즉 사람이 밥을 의지하여 태어나고 자라난다고 한다면, 한울님은 사람에 의지하여 그 조화를 나타내게 됩니다."(해월)

이 글은 김지하 시인의 "밥이 하늘이다."라는 유명한 선언의 출처가 되는 글이다.

사람은 밥으로 연명하고, 그럼으로써 한울님의 뜻을 펼 수 있기 때문에, 한울님의 모든 사업은 밥 한 그릇에 달려 있다는 논리로 귀착이 된다. 한 끼 한 끼 먹는 것을 그저 목숨 부지의 수단으로만 볼 것이 아니라, 개개인의 신성(神性)이 발휘될 수 있는 근간을 마련해 주는 대단히 고결한 행위로 보아야 한다는 뜻으로 볼 수 있을 것이다.

물건도 공경해야

"세상 만물이 한울님을 모시지 않은 것이 없으니, 이 이치를 알면 살생을 금하지 않더라도 저절로 하지 않을 것입니다.

제비의 알을 깨뜨리지 않아야 봉황이 와서 놀고, 초목의 싹을 꺾지 않아야 산림이 무성해질 것입니다. 손으로 꽃가지를 꺾으면 그 열매는 따지 못하게 될 것이고, 오래된 물건이라고 하여 버리면 부자가 될 수 없습니다.

삼천 가지 날짐승도 각각 그 종류가 있고, 삼천 가지 벌레들도 각각 그 목숨이 있기 때문에, 물건을 공경하면 덕이 만방에 미치게 될 것입니다."(해월)

윗글은 해월의 "모든 것이 하늘이고 모든 일이 하늘이다(物物天 事事天)."라는 유명한 문구의 근간이 되는 문장이다. 주지하는 바와 같이 해월은 어린이나 여성과 같이 소외된 인류 계층들이 사실은 한울님을 모신 신성한 존재라고 주장했다. 여기서는 한 걸음 더 나아가 동양의 현자답게 세상 모든 것이 다 한울님을 모시고 있다는 사상으로 확대된 것이다.

세상의 모든 것에 신성(神性)이 '깃들어 있다'는 것은 대부분의 동양 종교들이 주장하는 사상이다. 이것은 인간에게만 신성을 부여한 셈족의 종교(유대교, 기독교, 이슬람교)의 인간 중심주의와 대조를 이룬다. 예를 들어 기독교에서는 동식물이나 땅은 별의미가 없거나 죽어 있는 것으로밖에는 보지 않는다. 그중에서도 자연, 특히 땅은 죽은 것이라 기독교도들에게는 별 의미가 없다. 그러나 우리 선조들은 땅을 살아 있는 존재로 생각해 풍수지리설과 같은 대단히 독특한 자연관을 신봉했다. 이전에는 이 사상을 미신처럼 취급했지만 지금은 재조명하자는 시각이 힘을 얻고 있다.

최근 이러한 인간 중심의 교리가 결국 환경 파괴까지 불러왔다는 비난이 기독교에 퍼부어졌다. 이런 비난을 겸허히 받아들인 기독교의 진보적 신학자들은 기독교가 인간 중심주의에서 우주 중심주의로 그 생각의 틀을 전환해야 한다고 주장하고 있다. 이때 그들이 중요한 논거로 채택하는 사상이 바로 위에서 인용한 동양의 "모든 것은 살아 있다."라는 물활론(物活論, Animism)이다.

병 낫는 법

"지금 사람들은 약을 써야만 병이 낫는 줄 알지만, 마음을 다스려서 병을 낫게 하는 것은 알지 못합니다. 그 때문에 마음은 다스리지 않고 약만 쓰는데, 이렇게 해서야 병을 낫게 할 수 있겠습니까? 마음을 다스리지 않고 약만 먹는 것은, 한울님을 믿지 않고 약만 믿는 것과 같은 것입니다."(해월)

이 이야기는 지금의 상황에도 그대로 적용된다. 사람들은 예나 지금이나 병의 치료를 외부에서 투여하는 약물에만 의존하려 하지, 그 병을 통해 지금까지 잘못 지녀 왔던 자신의 그릇된 습관이나 잘못된 사고방식에 대해 반성해 보는 기회로는 삼으려 하지 않는다.

그러나 인도의 요기들은, 병은 매일매일 걸리게 해 달라고 기도했기 때문에 걸리는 것이지, 온전한 생명체인 인간의 생명에 병이란 원래 없다고 말한다. 그 많은 질병 가운데에서도 특히 암은 하루아침에 걸리는 병이 아니고 몇십 년을 계속 기도한 '공덕(?)'이 쌓여야 걸릴 수 있다는 역설로 그 발병 원리를 설명한다. 그러니까 우리 인간은 암에 걸리겠다고 매일매일 기도하고 노력해서 결국 뜻을 이루어 암에 걸린다는 것이다.

이런 이야기는 이상하게 들리겠지만 우리의 하루하루 생활을 되돌아보자. 노상 걱정하고 욕심만 부리면서 일이 마음대로 안 되면 스트레스 때문에 큰 고생을 한다. 또 먹는 것은 어떤가? 많이 먹을 뿐만 아니라 먹는 것도 고기나 단 것, 짠 것 등 나쁜 것을 매일 얼마나 많이 먹는가? 긴장의 연속이고 경쟁에 시달리며 술·담배에 지나치게 의존한다. 이런 생활을 몇십 년 하면서 암이나 큰 질병이 걸리지 않을 거라 생각하면 그게 오산 아니겠는가? 아울러 양방 의사들도 병은 약이 고쳐주는 것이 절대 아니라고 거듭 주장한다. 약은 다만 우리가 갖고 있는 본원의 생명력, 혹은 치유력이 다시 발동할 수 있게끔 도와주는 것에 불과한 것이라는 데에 의사들도 동의할 줄 믿는다.

우리 몸의 본원의 생명력이란 바로 우리의 마음이다. 마음을 어떻게 다스리느냐에 따라, 우리 몸의 건강 여부가 판가름 나는 것이다. 그러므로 동양의 모든 수련은 바로 이 마음을 닦는 것을 기본으로 한다. 그러면 가장 좋은 마음 닦는 법은 무엇일까? 지금까지 모든 성인들이 말씀한 것을 종합해 보면, 자신을 위해서는 기본적인 것만 챙기고 그 외에는 가능한 한 다른 사람이나 사회 공익을 위하는 데에서 기쁨을 느끼려고 하는 것이 가장 좋은 마음 닦는 법인 것 같다. 욕심은 탁한 기를 만들어 내고 탁기는 몸의 기혈의 순환을 방해한다. 이렇게 되면 병에 걸리는 것이다. 이때 지난 과거에 대한 총체적인 회개는 병을 치료하는 첫 번째 단계가 된다.

내 마음을 공경하라

"방이 천 개나 되는 넓고 큰 집이라도, 주인이 잘 보호하지 않으면 그 기둥과 들보가 비바람에 무너질 수 있으니 어찌 두렵지 않겠습니까?

내 마음을 공경하지 않는 것은 천지를 공경하지 않는 것과 같은 것이고, 내 마음이 편안하지 않는 것은 천지가 편안하지 않는 것과 같습니다. 내 마음을 공경하지 않고 내 마음을 편안하지 않게 하는 것은, 천지 부모에게 오래도록 순종하지 않는 것과 같은 것이라, 불효하는 것과 다름이 없습니다. 천지 부모의 뜻을 거스르는 것은, 불효라는 점에서 이보다 더 큰 잘못이 없으니 경계하고 삼가야 합니다."(해월)

우리에게는 내 마음부터 편안하게 하려 하지 않고 바깥일이나 남에 대해서만 불평과 걱정을 늘어 놓는 경향이 있다. 이것은 자신의 단점을 남에게 투사함으로써 스스로를 돌아보고 고치려는 수고로움과 아픔을 피하려는 시도이다. 남을 비판함으로써 자신은 그런 단점과 관계없다고 주장하려 하지만, 사실은 남의 어떤 단점이 눈에 잘 띈다는 것은 바로 자기도 같은 단점을 갖고 있기 때문이다. 그래서 해월은 가장 소중하게 여기고 평안을 유지해야 할 것이 바로 자기 자신의 마음이라고 말한다. 왜냐하면 내 마음이 바로 한울님이기 때문이다.

우리는 종종 남에게 헌신적인 봉사를 하면서도 그 얼굴에 편안함이나 즐거움이 보이지 않는 종교가와 사회 사업가를 보아 왔다. 이들은 단지 '나는 남을 위해 산다.'는 거짓된 봉사 의식에 젖어 있을 뿐이다. 이것은 타인을 속이고 자신을 속인다는 점에서 대단히 불행한 일이다. 해월의 말씀이 이들에 대한 경계가 될는지 모르겠다.

반드시 정성과 믿음이 있어야

"배울 때에는 폭넓게 하고, 물을 때에는 자세하게 물으며, 행할 때에는 독실하게 하십시오. 만일 이렇게 하고도 삼 년 안에 도에 대한 눈(道眼)이 밝아지지 못하고 마음 바탕이 신령스럽게 되지 못하면, 이것은 정성이 없고 믿음이 없는 까닭입니다.

정성과 믿음이 있으면 돌을 굴려서 산 위로 그 돌을 올리는 것일지라도 쉽겠습니다만, 정성이 없고 믿음이 없으면 돌을 산 밑으로 굴려 내리는 것조차도 어려운 것이니, 공부하는 것의 쉽고 어려움도 바로 이와 같습니다."(해월)

해월은 여기에서 동학의 삼대 덕목인 성·경·신(誠·敬·信) 가운데 성(정성)과 신(믿음)을 강조하고 있다. 인간사는 절대적으로 성실하게 임해야 한다는 것을 가르치는 성(誠)과, 의식을 전일하게 집중하는 것과 삶을 살아가는 태도를 의미하는 경(敬)은 성리학에서 중요시되었던 덕목이지만, 신(信)은 그다지 중시되지 않았다는 점에서 성리학과는 약간의 차이가 있다. 여기서 신은 스승의 가르침에 대한 확고한 믿음, 혹은 우리 모두가 본래 한울님이라는 사실을 믿는 것이라고 볼 수 있다. 그러니까 동양 사상에서의 믿음은 기독교에서처럼 어떤 한 교리를 사실로 믿는 것과 같은 의지적인 행위를 말한다기보다는, 보통 스스로의 마음 상태를 다시 여미는 내적인 정돈 자세쯤으로 해석될 수 있을 것이다.

이 책에 실린 세 교단 가운데 가장 유교에 가까운 가르침이 바로 동학이다. 학자 가운데에는 동학을 "세속화된 유교"라고까지 말하는 이가 있을 정도로, 동학과–특히 수운의 경우–유교는 많은 면에서 유사하다. 그러나 양질 면에서 근본적으로 다른 차이점도 많다. 가령 위의 글 안에서 그 차이점을 찾아보면, 해월은 정성과 믿음만 제대로 갖춘다면 삼 년 안에 도안이 밝아진다고 했는데, 이것은 자신의 스승인 수운의 견해를 계승한 것이다.

수운은 종래 유교에서 군자 되는 공부란 평생에 걸쳐서 해야 한다는 식으로 도(道) 공부가 어렵다는 것을 강조한 것에 대해, 삼 년만 정성과 믿음을 다하여 공부하면 누구나 군자가 될 수 있다고 했다. 전통 유교에서는 십수 년에 걸친 경전 읽기 공부를 해야 군자가 될 수 있다고 하지만 수운 자신의 가르침을 따르면 주문 외우기 같은 쉬운 방법으로도 군자가 될 수 있다고 한 것이다.

경전 읽기 공부는 양반만이 할 수 있지만 주문 외우기는 신분에 관계없이 누구나 할 수 있다는 의미에서, 이것은 유교의 문을 활짝 열어놓은 것이라 볼 수 있다. 수운은 이것으로 자신의 공부법이 공자의 법보다 낫다는 강한 자신감을 표명했다. 해월도 수운의 제자답게 이것을 따르고 있다.

사사로움이 없게

"사사로운 욕심을 끊고, 사사로운 물건을 버리며, 사사로운 영화를 잊을 수 있다면, 기운이 모이고 정신이 모이어 환하게 깨달을 수 있게 됩니다. 그렇게 되면 길을 갈 때에도 발끝이 평탄한 곳을 딛고, 집에 있더라도 정신이 고요하고, 자리에 앉으면 숨결이 고르고 편안하며, 누울 때에는 정신이 그윽한 곳에 들어, 하루종일 어리석은 듯하며 기운이 평정하고 심신이 청명하게 됩니다."(해월)

해월에 따르면, 도 공부의 요체는 사사로움이 없는 것이다. 역대 종교 교주들은 한결같이 진정한 마음공부를 위해서는 사사로움을 끊으라고 했는데 여기서 그 충고가 다시 반복되고 있다. 공자께서 『시경』에 흐르는 사상이 무엇이냐는 제자의 질문에, "사무사(思無邪), 즉 생각에 삿됨이 없게 하라."고 대답했는데, 윗글의 취지와 그다지 다르지 않다. 위와 같이 진실로 사사로운 일을 잊게 되면 길을 가든, 집에 있든, 앉든, 서든, 눕든, 항상 화(和)한 기운이 떠나지 않고 정신도 맑게 될 것이다.

한울님에게 해서는 안 되는 열 가지 일

하나, 한울님을 속이지 말라

둘, 한울님을 거만하게 대하지 말라

셋, 한울님을 상하게 하지 말라

넷, 한울님을 어지럽게 하지 말라

다섯, 한울님을 일찍 죽게 하지 말라

여섯, 한울님을 더럽히지 말라

일곱, 한울님을 주리게 하지 말라

여덟, 한울님을 허물어지게 하지 말라

아홉, 한울님을 싫어하게 하지 말라

열, 한울님을 굴하게 하지 말라 (해월)

위의 열 가지 조목은 동학의 계율과 같은 "십무천(十毋天)"이다. 십무천에서 한울님이란 인간을 비롯한 모든 생명체, 즉 하늘과 땅 사이에 있는 모든 것이다. 이 십무천에서 우리는 동학의 생명 사상을 가장 잘 읽을 수 있다. 특히 그 많은 한울님 가운데에서도 가장 중요한 한울님은 바로 우리가 우리의 마음 안에 모시고 있는 한울님이다. 바로 이 한울님을 위의 열 가지 사항을 조심하면서 모시고(侍天主), 잘 길러 내면(養天主) 우리 모두가 군자나 성인이 될 수 있다고 동학은 주장한다.

반상과 적서의 그릇된 차별

"사람을 양반과 상민으로 가르는 구별은 사람들이 정한 것이지만, 도의 직임은 한울님이 시키신 것인데, 사람이 어떻게 한울님에게 정하신 직임을 다시 걸을 수 있겠습니까?

한울님은 반상의 구별이 없이 그 기운과 복을 주셨고, 우리 도는 새 운수에 맞추어서, 새 사람으로 하여금, 새로운 반상제도를 정하게 한 것입니다. 이제부터 우리 도 안에는 어떤 반상의 구별도 두어서는 안 됩니다."

"우리나라에는 두 가지 큰 병폐가 있는데, 하나는 적서의 구별이요, 다음은 반상의 구별입니다. 적서의 구별은 집안을 망치는 근본이 되고, 반상의 구별은 나라를 망치는 근본이 되니, 이것이 바로 우리나라의 고질이라는 것입니다.

우리 회상에는 두목 아래에도 그보다 백배나 나은 큰 두목도 있을 수 있으니, 여러분들은 주의해서 어떤 차별적인 생각도 가져서는 안 됩니다."(해월)

해월은 반상과 적서의 차별을 극렬히 반대했다. 적서와 반상의 구별을 철폐해야 한다는 주장은 증산이나 소태산도 하였지만, 이것은 앞으로 닥쳐오는 후천개벽시대를 알리는 중요한 징조가 된다.

지금에야 이런 차별이 거의 존재하지 않기 때문에 위의 말씀이 크게 가슴에 와 닿지 않겠지만, 당시에는 너무나도 뼈에 사무치는 차별이었을 것이다. 그런 관계로 전통 사회에서는 중국과 한국에 걸쳐서 거의 모든 민중 종교가들이 사회의 이러한 불평등을 철폐해야 한다고 주장하고 나섰다. 우리가 지금 이러한 차별이 없이 살 수 있는 것도 이들이 노력한 결과라고 할 것이다. 그러나 결정적으로 우리 인류가 범지구적으로 인간 평등에 대해 눈을 뜨게 된 것은 프랑스대혁명 이후이다. 평등이라는 대혁명의 정신은 그 뒤 유럽은 물론 미국과 같은 신세계로 전해졌고, 19세기 말이 되면서 전 세계로 확산된다. 이러한 인간 평등 사상이 본격적으로 우리나라에 들어오기 이전에 이미 동학에서는 인권 선언을 했으니 동학은 인권에 관한 한 꽤나 앞선 셈이다.

그런데 스승들이 그처럼 적서와 반상의 차별 혁파를 주장했건만, 동학교단 내에서는 이 문제를 둘러싸고 갈등이 있었던 모양이다. 한 번은 해월이 신분이 천민이었던 한 제자를 두목과 같은 지도자 자리에 앉히자, 그 밑에 있던 양반 계급 출신의 제자들이 해월에게 천민의 지도는 못 받겠다고 항의를 한 사건이 있었다고 한다. 사람 사는 사회라 이러한 갈등이 없을 수는 없었을 게다.

자만심

"뱀이 개구리를 삼키면서 스스로 생각하기를, '이제 나를 대적할 자는 없다.'고 자만하지만, 지네가 붙는 것을 알지 못해 죽임을 당하게 됩니다. 이렇게 해서 뱀이 죽으면, 이번에는 지네가 교만해져서 거미가 그 몸에 젖 담는 줄도 모르고 죽임을 당합니다. 이와 같이 독한 놈은 반드시 독한 것에 다시 상하게 되니, 자기에게서 난 것은 자기에게로 돌아가게 됩니다.

어진(仁) 방패와 의로운(義) 무기와 예의(禮)의 칼과 지혜(智)의 창으로 (자신의 내부에 있는) 괴수를 쳐서 이기면, 이보다 더 용감한 사람은 없을 것입니다."(해월)

해월은 수도할 때, 자만심이 가장 큰 방해물이라고 보았다. 윗글은 수도하는 데 있어서—일상생활에서도 마찬가지이만—조심해야 할 사항인 자만에 관한 큰 교훈이다.

자기에게서 나온 것은 반드시 자기에게로 돌아가듯이, 자신이 상대방보다 더 강해 그 상대방을 꺾었다 하더라도 결국은 자신보다 더 강한 자에게 꺾임을 당하게 된다는, 평범하면서도 항구적인 진리를 윗글은 말한다. 그러니까 삶속에서—심지어는 재미로 하는 게임에서조차—상대방을 이기려는 생각은 애시당초 잘못된 생각이다. 상대방을 이기면 진 상대방이 갖게 되는 분한 마음은 다른 기회에 다른 부정적인 힘으로 화해 자기에게로 다시 돌아온다. 우리가 싸워야 할 대상이 있다면 바로 자신 속에 있는 부정적인 힘들뿐이다. 이 점을 깊이 각인하면 부질없이 남과 싸우려 하지 않을 것이다.

이 글에서 또 주목할 만한 것은 인의예지(仁義禮智)라는 유교의 근본적인 덕목을 각각 어진 방패, 의로운 무기, 예의의 칼, 지혜의 창으로 표현하고 있는 점이다. 즉, 유교의 근본적인 덕목들을 수도하는 사람에게 가장 큰 적인 내면의 적과 싸우는 무기에 비유한 것으로서, 재미있는 발상으로 생각된다. 한편 이러한 발상을 통해 동학이 유교에 얼마나 큰 호의를 갖고 있는가도 알 수 있다.

도를 안다는 것은

"여러분! 우리 교단에 들어오는 사람은 많지만, 도를 제대로 아는 사람은 적어 가슴이 아픕니다.

도를 안다고 하는 것은 곧 자기가 자기를 아는 것을 말하는데, 자기도 제대로 알지 못하면서 먼저 남을 알고자 하는 사람은 분수를 모르는 민망한 사람이라 하겠습니다."(해월)

해월은 여기에서 도를 안다는 것은 다름 아닌, 자기가 자기를 아는 것이라는 새로운 해석을 하고 있다.

동학에서는 도를 안다는 것을 계속 한울님을 모신다든가 한울님을 기른다는 표현으로 일관되게 설명해 왔는데, 윗글에서는 도리어 불가(佛家) 식의 표현인, 자기를 안다는 것으로 설명하는 독특함이 있어 이 구문을 포함시켰다.

물론 자기를 안다는 것이 무엇을 말하는가에 대해서는 여러 해석이 있을 수 있을 것이나, 나는 무엇보다도 자기 안에 있는 자기의 긍정적인 모습과 부정적인 모습을 객관적으로 볼 수 있는 능력이라고 말하고 싶다. 우리 안에는 자기도 잘 알지 못하는 이상한 요소들이 많이 있다. 쉬운 예를 들면, 우리는 꿈을 꿀 때 깨어 있을 때에는 전혀 생각지도 못했던 이상한 일을 겪게 되거나 이상한 장면들을 보게 되는데 꿈이란 모두 자기가 만드는 것이니 이 모든 게 자기에게서 나온 것이라고 보아야 한다. 이런 것들을 모두 의식화시켜 자신의 의식 세계로 가져오는 것이 자기를 아는 첫 단계라 할 수 있다. 우리가 보통 상태에서 아는 자신의 모습은 사회적으로 형성된 지극히 작은 부분에 불과하다. 우리는 보통 이 작은 나를 '내 전체'로 알고 평생을 이 표피적인 나를 위해 살고 있다.

인도(人道)와 천도(天道)

"사람들이 푸른 하늘을 우러러보면서 한울님이 그곳에 있다고 절을 하는 것을 볼 수 있는데. 이것은 한울님이 높다는 것만 듣고 한울님이 진정으로 한울님 되는 까닭을 알지 못한 때문에 하는 행동입니다.

나의 모든 행위가 바로 귀신이며 조화이며 이치 기운이기 때문에, 사람은 한울님의 영이며 정기요, 한울님은 만물의 정기이니, 만물에 순응하는 것이 바로 천도(天道)가 됩니다. 그런데 인도(人道)는 바로 천도를 그대로 (體와 用으로) 본받았기 때문에, 이들 사이에는 한 가닥의 머리털도 들어갈 수 없게끔 연관되어 있습니다."(해월)

인간과 하늘의 관계에 대해 해월은 이렇게 말했다. 윗글은 '사람이 곧 하늘(人乃天)'이라는 동학의 주요 강령을 가장 잘 설명한 글 가운데 하나이다. 우리는 보통 지극히 높은 존재는 저 멀리 높은 곳에 있다고 생각한다. 우리가 흔히 만나는 종교인 가운데에서는 기독교인들이 이러한 생각을 가장 많이 하는 것 같다. 그러나 신은 무소부재(無所不在), 즉 없는 곳이 없다고 하니 안과 밖에 동시에 존재해야 하고, 가깝고 낮은 곳은 물론이요, 나아가 안팎을 초월해 존재한다고 보아야 한다. 이런 신을 바깥에, 멀리, 높은 곳에만 있다고 생각하고 그 신에게 무엇을 빌고 갈구하는 것은 우리 인류가 빠지기 쉬운 우상숭배의 전형적인 형태이다.

위의 인용에서 마지막 문장인, 인도와 천도 사이는 한 가닥의 머리털도 들어갈 틈이 없다는 말씀은 이 양자가 얼마나 밀접한가를 밝힌 재미있는 표현이다. 이것은 하늘(혹은 신)이 비록 다소 불완전한 형태이지만 그래도 가장 많이 발전된 것이 우주 만상 가운데에는 인간이라고 보기 때문에 나온 견해가 아닐까 한다. 신비주의자들은 종종 인간이 인간적인 굴레를 벗게 되면 바로 신이 된다고 주장한다.

살아 있는 우주

"우주는 신들로 가득 차 있기 때문에 풀잎 하나라도 거기에 깃든 신이 떠나면 곧 말라 버리고, 흙으로 만든 벽도 신이 떠나면 무너지게 되며, 심지어는 손톱 밑에 가시 하나 박히는 것도 신이 들어 생기는 일이오."(증산)

증산에 의하면 모든 것은 신(神)으로 이루어져 있다. 증산의 이러한 신관은 애니미즘(Animism)적인 우리나라의 전통 신관을 계승하고 있다. 애니미즘은 우주 안에 있는 모든 물건이 무생물처럼 죽어 있는 것이 아니라, 우주의 원초적 에너지라고 할 수 있는 신―혹은 기(氣)―이 깃들어 있는, 살아 있는 것으로 이해한다.

가장 비근한 예가 우리가 사는 집이다. 전통적으로 우리 조상들에게 있어 집이란 그저 숙식을 해결하는 기능적인 대상으로만 머물지 않았다. 즉, 집은 집을 관장하는 성주신(대들보에 거주), 터를 관리하는 터줏대감(장독대에 거주), 어린아이의 수태부터 임신, 육아까지 관장하는 삼신할머니(안방의 아래 목에 거주), 부엌을 담당하는 조왕신(부엌에 거주) 등 중요한 신들이 살고 있는 신성한 곳으로 이해되었다. 그리고 이 신들에게는 시월상달에 '고사'라는 형태로 감사 제사가 바쳐졌다. 이 고사의 주재자는 주부인데 이러한 사실을 통해 집안일에서 만큼은 주부의 권한이 강력했다는 것을 알 수 있다.

　이렇게 자연을 살아 있는 것으로 이해한 우리 조상들은, 급기야는 풍수지리설과 같은 민간 속설을 신봉하게 되었다. 풍수지리설에 의하면 자연은, 특히 땅은 나름대로 살아 있을 뿐만 아니라 그 자리 자리마다 각기 다른 특성이 있다. 따라서 인간의 욕심대로 마구 파헤치고, 굴을 뚫는 따위의 일은 땅 속에 흐르는 기운의 맥을 끊는다. 이는 결과적으로 그곳과 관련된 인간들의 삶을 황폐하게 만든다. 인간과 자연의 조화로운 기운이 파괴되기 때문이다.

　갈수록 심각해지는–어쩌면 이미 늦었을지도 모르는–생태계 파괴의 문제도 자연을 살아 있는 주제로 보는 풍수설과 같은 새삼스럽게 새로운(?) 자연관을 다시 정립해야 한다는 목소리가 커지고 있다.

근본으로 돌아갈 때

"앞으로 오는 시대는 옛 근본 전통으로 다시 돌아가는(原始反本)
시대이고, 혈통이 바로 잡히는 때이오. 따라서 자기의 아비나
조상을 갈아 버리는(換父易祖) 자나, 그 뼈대를 갈아 버리는(換骨)
자는 다 죽을 것이오."(증산)

윗글에 따르면 증산은 대단한 민족주의자였던 것 같다. 구한말이
라는 우리 역사 미증유의 대혼란기에 즈음하여, 그 해결책을 우리의
수준 높은 옛 전통으로 돌아가는 데에서 찾으려고 했으니 말이다.

증산은 후천개벽시대는 옛 전통을 찾아 복원하는 원시반본(原始反
本)의 시대가 될 것이라고 주장한다. 그렇다면 문제는 이 옛 근본 전통
이 무엇이고, 환부역조나 환골한다는 것이 구체적으로 무엇을 말하
는지를 밝혀 내는 데에 있다.

일부 학자들이 주장하는 바에 따르면, 증산이 말하는 옛 전통은 풍
류도를 일컫는다. 풍류도는 최치원이 말하는 것처럼 유·불·선이
들어오기 전부터 있던 우리 민족 고유의 종교로서, 이는 신교(神敎)라
고도 불린다. 증산은 우리 민족 고유의 종교가 다시 살아나 정신이 제
대로 서야, 온전한 개벽시대가 올 수 있다고 본 것이다.

이 풍류도는 『삼국지』「위지 동이전」에 나오는 무천이나 영고와 같

은 제천 의식에서도 그 편린을 엿볼 수 있고, 현재의 무속(교)에도 부분적이지만 남아 있는 것을 알 수 있다.

두 번째로 환부역조한다는 것이 구체적으로 무엇을 말하는지 정확히 알 수는 없지만, 아마도 우리 민족이 신봉해 오던 공통적인 종교를 버리는 것을 말할 것이다. 이때 말하는 공통적 종교란 조상을 모시는 제사나, 하늘이나 땅을 섬기는 고유 의식 같은 것으로 생각된다. 그러므로 어떤 종교가 되든 이것을 배척하는 종교는 모두 환부역조하는 종교가 될 것이다. 이것은 개벽이 되기 위해서는 국민 모두가 고유의 전통에 입각한 투철한 정신적 정체성을 가져야 한다는 것으로 해석된다. 이렇게 중요한 전통을 버릴 때 도래하는 결과는 죽음뿐이라고, 증산은 아주 강경한 자세로 말하고 있다.

다행히 이제 우리 사회에는 우리의 것을 되찾자는 움직임이 활발하게 일어나고 있다. 아마 바깥에서 들어온 것을 다 섭렵해 보니까 우리의 뿌리를 찾는 일이 얼마나 중요한 것인가를 알아차린 것이리라. 조금 뒤늦긴 했지만 철이 난 것이다.

그런데 문제는 고유의 종교를 되찾기에는 우리의 종교가 너무 사분오열되어 있다는 것이다. 우리나라 종교계는 무교, 기독교, 불교, 유교, 신종교 등이 완전히 따로 노는 형국이다. 이 다양한 종교들을 하나로 통일시킬 필요는 없는 것이지만, 그렇다고 지금처럼 서로 무관심하고 심지어는 적대시하는 것은 바람직한 일이 못 된다.

천지를 부모처럼

"천지가 행하는 도를 보면 어느 해에는 너무 가물어서 사람을 괴롭게 하고, 어느 해에는 너무 장마 져서 또한 사람을 괴롭히는 수가 있소. 외면으로 보면 그 행하는 도가 고르지 못한 것 같지만, 천지가 만물을 다스릴 때에 어떤 때는 변고와 재앙을 내리는가 하면, 어떤 때는 바람과 비를 적절히 내리기도 하는 것은, 부모가 자녀를 다스릴 때에 혹은 엄하게도 하고 혹은 부드럽게도 하여 상벌을 겸행하는 것과도 같은 것이오.

이 이치를 모르는 사람들은 공연히 천지를 원망하지만 깨친 분들은 그 연유를 알기 때문에 모든 일에 조심하여 새로운 복을 지을지언정 이미 닥친 재앙에 원망은 하지 않소."(소태산)

자연을 도덕적인 의미로 파악하여 그 안에서 교훈을 찾으려는 소태산의 말씀이다.

소태산은 여기에서 전통 유가의 입장을 따르고 있다. 즉 자연을 도덕적인 의미로 파악하여, 자연에서 일어나는 일을 물리적인 사건으로만 보지 않고 항상 그 안에서 도덕적인 교훈을 찾아내려고 하고 있다.

이러한 태도는 노자의 『도덕경』에 나오는 "천지는 인자하지 않다

(天地不仁).”라는 입장과 강한 대조를 이룬다. 노자는 천지에서 도덕적인 의미를 찾는 것을 부정한 것이다. 노자에게는 천지란 단지 무정(無情)한, 다시 말해 인간과 별 관계없이 돌아가는 자연과 같은 것이다. 여기에 제시된 소태산의 견해 가운데 주목할 것은 천지를 단지 무정물로 보는 것이 아니라, 부모와 같이 만물을 살리는 높은 존재이면서도 살아 있는 것으로 파악한 것이다.

아울러 현자들이란 어떠한 경우를 당하더라도, 비록 그것이 인간과는 관계없이 자연에서 일어나는 일처럼 보일지라도, 거기에서 의미를 찾아내어 자신의 도덕적 수련에 보탬이 되게 한다는 것도 잊지 말아야겠다.

견성과 부처되기

한 제자가 소태산에게 물었다.

"선가(禪家)에서는 보통 견성성불(見性成佛)이라고 하는데, 이것은 견성하는 즉시로 부처가 된다는 말입니까?"

소태산이 깜짝 놀라며 말했다.

"자네가 잘 물었네. 성품을 본다는 것(見性)은 마치 글씨 배우려는 사람이 선생을 만나 좋은 글씨체를 받아 온 것과 같고, 수(繡)를 배우려는 사람이 좋은 수본을 얻어 온 것과 같은 것이네. 그러므로 견성을 했다고 해서 만족을 느끼고 그다음 해야 하는 수행을 게을리 한다면, 글씨 배우려는 사람이 겨우 글씨체만 받아다 놓고 그대로 있는 것과 같고, 수놓으려는 사람이 수본만 얻어다 놓고 그대로 있는 것과 다를 바가 없네.

실은 견성은 그리 어려운 것이 아니라네. 무엇보다도 어려운 것은 자기가 본 그 성품과 같이 원만하고 밝고 바르게 자기 품성을 잘 활용하여, 모든 면에서 다 갖추어진 부처가 되는 데에 있다네.

앞으로 인지가 발달되면 십여 세가 넘으면 대개 초(初)견성은 할 것이고, 곧 크게 깨닫기 위해서 큰 노력을 기울이게 될 것이네."

(소태산)

이 글은 마치 고려의 보조국사 지눌 등이 주장했던 돈오점수론(頓悟漸修論), 즉 우선 내가 원래 붓다라는 사실을 깨닫고 이것을 바탕으로 점차 수행을 해 무명의 힘을 제거하다가 마지막에 완전히 깨닫는다는 이론을 연상케 한다. 이것을 전문용어로 설명하면 첫 번째 것은 해오(解悟, understanding-awakening)라고 하고, 두 번째 것은 증오(證悟, realization-awakening)라고 한다.

여기에서 말하는 첫 번째 깨달음이란 그다음에 있을 점진적 수행에 이정표가 될 이성적인 깨달음에 불과한 것이고, 마지막 깨달음은 확철대오, 즉 온몸으로 깨닫는 것을 의미한다.

이와 반대되는 이론이 돈오돈수(頓悟頓修)론으로, 깨침도 수행도 단번에 끝낸다는 것이다. 돈오돈수론은 중국의 임제선사 등으로부터 비롯되어 조계종의 전(前) 종정 성철 등이 강하게 주장했던 이론이다. 이들은 한 번 깨달으면 그걸로 끝나는 것이지 그 이후에도 또 수행할 게 있다고 한다면 그 깨달음이 완전한 게 아니라고 주장한다. 그런데 내가 보기에는 이 돈오점수론과 돈오돈수론은 같은 사건을 다른 관점에서 본 것일 뿐 서로 다른 이론이 아닌 것 같다.

우리는 주위에서, 특히 수행자들 가운데에 얼마 안 되는 수행을 통해 얻은 약간의 알음알이적인 깨달음을 가지고, 행동거지가 방자해지고 언행이 심히 불손하게 되는 경우를 종종 보아왔다. 소태산은 이 글에서 초보적인 깨달음만을 얻어 놓고 다 깨달은 양 계율을 어기는 등의 못된 짓을 하는 이러한 수행자들을 경계하는 것이다.

인생의 덧없음

"한없이 여러 생이 계속되는 가운데 지금과 같이 한 생 동안 한 가정을 이루고 산다는 것은 마치 여행을 하다가 밤에 한 여관에 동숙하는 것 이상은 되지 못하는 것이네. 그런데도 철없는 사람들은 이번 생만 있는 줄 알고 애착을 가지니 어찌 단촉한 생활이 아니겠는가.

깨달은 사람이란 복도 충분하고 지혜도 충분하지만, 삼계(三界)의 손님이 되어 마음 가는 대로, 발 닿는 대로 시방(十方) 삼계를 두루 돌아다니다가, 혹 인연을 만나면 쉬고 인연이 없으면 다시 떠나는 등 어디 한 곳에 매임이 없어 자유롭게 살리라는 원을 세운 분을 말하네."(소태산)

불교의 전통적인 다생관(多生觀)을 진하게 반영하고 있는 글이다. 전통적인 불교(혹은 힌두교)의 교리에 의하면, 이 지구라는 사바세계는 수행 도장으로서 큰 의의를 갖는다.

수많은 생을 거듭하면서 각자의 영혼은 계속적인 자기정화 작용을 통해 개아성(個我性)을 초극하는 궁극의 경지로 올라가려고 노력한다. 그래서 우리들은 과연 이번 생에서는 어떤 식으로 우리 영혼의 고양을 위해 노력해야 할 것인가를, 스스로가 현재 처한 상황과 받고 있는 업보, 성격 등의 분석을 통해 밝혀 내고, 또 거듭할 많은 생에 대한 계획을 세워야 한다. 그러나 우리 대부분은 워낙 앞이 캄캄해, 이번 생만을 전부로 알고 현세구복적으로 살고 있다. 소태산은 이것을 경계하고 있는 것이다.

많은 성자들이 이야기한 것처럼 이 세상은 그냥 지나치는, 그러나 '지극히 중요한' 정거장과 같을 뿐, 우리가 영원히 있어야 할 고향은 아닌지 모른다. 그런데 우리는 이 세상만이 우주에 존재하는 유일한 세계이고, 지금의 나만이 유일한 나라고 생각한다. 그래서 이 세상에서의 오욕 · 쾌락의 추구에만 광분해 스스로 짊어지고 온 사명은 생각하지 않는다. 또 수많은 업보를 짓고, 자신과 남을 괴롭히면서, 이 세상의 보이지 않는 감옥에 더 깊이 빠져든다.

우리 중생이 현재 처한 이 비참한 상태는 다른 누가 만들어 준 것이 아니라, 자신이 스스로 만든 것이다. 따라서 스스로 풀어야만 하고, 스스로 풀 수 있는 힘도 가지고 있다. 이 업보가 다 풀릴 때 우리는 자유인이 된다. 혹은 적어도 내 업보가 어떤 것인가를 알게 될 때 자유로워질 수 있는 능력을 초보적으로나마 갖게 된다. 이것을 모르면 우리는 마치 술 취한 원숭이가 정신없이 이 나무 저 나무로 옮겨 다니는 것처럼 이곳저곳 헤매다가 인생을 끝낸다. 그리곤 다음 생을 어디에서 어떻게 받는지 모른 채 구중장천을 헤매다 또 인연을 만나면 어쩔 수 없이 환생을 한다. 그렇게 태어난 다음에는 전생 때 하던 짓을 그대로 반복한다. 이것이 윤회설의 대강이다.

큰 도로 가는 장애 네 가지

"큰 도에 들어가지 못하는 데에는 장벽이 넷이 있소. 우선 한 방면에 치우쳐서 작은 선을 행하는 것이 첫 번째요, 두 번째는 넓게만 공부하는 것이요, 세 번째는 한 방면에 출중함이요, 네 번째는 재산과 지위가 남보다 뛰어나게 많고 높은 것이오. 이 네 가지를 다 갖추고도 장애가 없는 사람을 상근기라고 말할 수 있소."(소태산)

소태산은 우리가 큰 도(道)에 들어가지 못하는 것은 네 개의 장벽이 있기 때문이라고 말했다. 이 네 가지를 자기 자신에게 비추어서, 자신이 어디에 속하는지 보면 수행에 큰 도움이 되겠다. 그런데 우리는 이 장애라고 하는 것들의 근처에조차 가지 못한 것 같다.

이 네 가지 장벽에는 공통적인 특징이 있는데 '무엇을 하든 남보다 잘하는 것'이 그것이다. 어느 것 하나가 남보다 나으면 우리는 곧 자만에 빠지기 쉽다. 자만에 빠지는 것은 도를 닦는 데에 치명적인 장애가 된다. 우리는 주위에서 별 것 아닌 것을 가지고 스스로 전문가인 양 하면서 '성깔'을 부리는 사람들을 많이 본다. 소태산은 이들에게 경고를 보내고 있는 것이다. 그런데 이 네 가지를 갖추고도 장애가 없는 사람이라면 그는 이미 도를 아는 사람 아닐까.

강자와 약자가 상생하려면

"강한 자가 영원히 강자로 남기 위해서는 약한 자를 강자의 자리로 끌어올려야 하며, 약한 자는 이 강한 자를 안내자로 삼아 강자의 자리로 올라가도록 노력해야 하오.

또 강한 자가 영원한 강자로 남을 수 있으려면 끊임없이 궁리해야 하오. 궁리하지 않고 자신의 강함만을 믿고 약한 자들을 해치면 아무리 강자라도 약자의 위치로 떨어지고 마오. 반면 약한 자도 강자로 오를 수 있는 이치를 무시하고 실력을 기르지도 않으면서, 생각 없이 강자 탓만 하고 싸우기만 하면, 영원히 약자의 굴레를 벗어나지 못할 것이오."(소태산)

소태산은 강한 자와 약한 자가 서로를 침해하지 않고 살 수 있는 법에 대해 독특한 법문을 남겼다. 다시금 소태산의 자상함과 구체성이 엿보이는 법문이다. 세상에는 어차피 강자와 약자가 있기 마련인데, 이 두 세력이 어떻게 공존해야 하는가를 확실하게 밝힌 것이라 생각된다. 강자들은 교만함으로 결국 무너지고, 약자들은 원망 속에서 투쟁하다 그 굴레를 벗어나지 못하게 되는 것을 지적한 것이다.

강자들은 스스로의 힘으로만 강하게 된 줄 알지만, 사실은 많은 경우 약자를 착취한 결과로 그렇게 된 것이다. 그러나 강자들은 이 사실을 무시하고 약자를 도우려고 하지 않는다. 따라서 영원히 강자로 살아남으려면 약자를 자신의 위치로 올려 상생하는 것이 필요하다.

이것은 현재의 제1세계와 제3세계 문제에 적용시켜 보면 잘 알 수 있다. 이른바 제1세계들은 자신들의 부나 경제 발전이 제3세계의 억압과 착취로서만 가능하다는 것을 알기 때문에, 현재의 억압 착취의 경제 구조를 계속 유지하려고 한다. 그러나 후진국에서 생겨나는 온갖 병폐와 부작용 등이 이제는 전 지구로 퍼져 나가 결국은 선진국들도 피해를 보게 되었다.

그 대표적인 예가 환경 문제이다. 선진국들은 자기 나라만 깨끗하게 살겠다고 공해 산업을 후진국에 가져다 안겼지만, 결국은 그 공해가 전 지구를 잠식해 들어가 선진국도 그 그늘 아래 있게 되었다. 이것의 해결책은 선진국이 산업 구조와 생활방식을 바꾸어 자국민들의 소비를 줄이는 것은 물론, 후진국에 첨단기술을 제공해 공해산업을 더 이상 일으키지 않게 만드는 데에 있다.

또 한 가지 예로 인구 문제를 들 수 있다. 세계 인구 폭증의 주범은 물론 후진국이다. 이 때문에 선진국에서는 콘돔 같은 피임 기구를 후진국에 무상으로 공급하지만 별 효과가 없다. 그 해결책은 후진국을 문화적 선진국으로 만드는 것인데, 문화적 선진국은 결국 경제적 토대 위에서만 가능하다. 다시 말해 후진국에게 기술 이전 및 경제 원조를 대폭적으로 해서 후진국을 선진국으로 만드는 상생(相生) 이외에는 다른 방법이 없다.

항상 만족하는 삶이란?

"세상만사가 자기 뜻대로 되기를 바라는 사람은 마치 모래 위
에 집을 짓고 영원한 영화를 누리려는 사람과 같소. 지혜 있고
욕심이 없는 사람은 자기가 행한 일 가운데 십 분의 육만이라도
성사되면 크게 기뻐하고 감사를 느낄 줄 아오. 이런 사람은 혹
모든 일이 뜻에 맞게 이루어지면 절대로 혼자 독차지하지 않고
그 일을 항상 이웃과 같이 나누기 때문에 복이 끊이지를 않소."
(소태산)

이 글은 다시금 인격이 성숙한 사람이 세상 일을 어떻게 대처하는
가를 말해 주고 있다. 과욕하지 않고 항상 만족할 수 있는 삶에 대해
서 소태산은 위와 같이 말했다.

자기가 도모한 일 가운데 반만이라도 자기 뜻에 맞게 이루어지면
크게 기뻐해야 된다는 구절이 특히 눈에 띈다. 이렇게 되기 위해서는
우선 욕심이 없어야 한다. 모든 일을 욕심 없이 대하면 일이 잘 풀려
나가게 될 것이고, 또 욕심이 없으니 그 좋은 결과를 항상 남과 함께
나누려 할 것이고, 이렇게 하면 좋은 일이 계속 생기게 될 것이다.

위의 이야기는 어떤 일이든 해 본 사람이라면 크게 공감할 만한 이
야기라 생각된다. 소태산은 십 분의 육만이라도 일이 성사되면 감사

해야 한다고 하지만 나는 열에 하나나 둘만 성사되어도 감사해야 할 것 같은 생각이 든다. 일은 그렇게 이루기가 힘들다.

또 일을 이룬 뒤에 그 성과를 혼자만이 아니라 이웃과 같이 나눈다는 것도 대단히 통찰력 있는 견해라 생각된다. 나누면 몇 배가 되어서 돌아오기 때문이다.

모범적 가정을 이루는 열 가지 조건

"첫째, 온 가족이 함께 할 수 있는 종교나 신앙을 갖고 늘 새로운 정신을 갖도록 노력한다.

둘째, 집안을 이끄는 이는 집안을 다스릴 만한 덕과 위엄, 지혜와 실행력을 갖추도록 노력한다.

셋째, 집안을 이끄는 이는 식구들을 가르치는 데 힘을 써야 하는데, 그러기 위해서는 자신이 먼저 배우고 경험하여 집안의 거울이 되도록 노력한다.

넷째, 매일 수지를 계산해 잘 맞추고, 약간이라도 저축하려고 노력한다.

다섯째, 살생하는 직업이나 남의 정신을 마취시키는 직업을 갖지 않는다.

여섯째, 부부 사이에도 가능한 한 물질적 생활을 서로 자립해서 가정과 사회와 국가의 이익에 공헌한다.

일곱째, 사회에 대한 의무를 충실히 해야 하며, 특히 사회복지 기관이나 교화(敎)하는 기관과 힘닿는 대로 협력한다.

여덟째, 자녀들에게 과학과 같은 일상 교과목뿐만 아니라 정신을 수양시키는 도학(道學)도 같이 가르치며, 교육 후에는 상당 기간 사회기관 등에서 봉사하게 한다.

아홉째, 재산을 상속할 때에는 생활의 토대를 제공하는 정도로만 하고 나머지는 공익기관에 희사한다.

열째, 복잡한 일상생활에서 힘을 얻기 위해서는 정기적으로 적당한 기간 심신을 수양한다."(소태산)

이 글은 소태산이 모범적 가정을 이룰 수 있는 조건으로 제시한 열 가지 덕목이다. 조목조목이 가정을 가진 이들에게는 귀감이 되는 글들이다. 때때로 다시 읽어 보고 자신을 되돌아보면 크게 도움을 받을 수 있겠다. 위의 가르침들은 물심양면에 걸쳐 두루 다 이야기하고 있는데, 특히 부부 사이에는 경제생활을 자립하라는 권고가 눈에 띈다. 아울러 마음의 수양을 여러 번에 걸쳐 강조한 것도 역시 종교가의 가르침답다.

사회복지기관 등과 관계를 가져야 한다든가, 자식들에게는 사람 되는 법을 가르쳐 주는 도학, 즉 『소학』과 『동몽선습』부터 시작되는 전통적인 유교 훈련을 시킨 다음 이웃을 사랑하는 마음을 키우도록 사회 공익 기관에서 봉사하게 하는 것 등은 특히 되새겨야 할 가르침이다.

원(circle)은 큰 우주의 본가(本家)

하루는 소태산이 제자들과 산책을 하는데 한 제자가 길가에 있는 큰 소나무를 보고 탄성을 질렀다.

"정말 아름다운 소나무군. 우리 교당에 옮겨다 심으면 좋겠다."

소태산이 이 말을 듣고 말했다.

"자네의 생각은 좁은 울타리를 벗어나지 못했군. 궁극적으로 보면 교당이든 이 노송이든 모두 우리 울 안에 있는 것인데, 노송을 옮기고 말고 할 것이 어디 있겠는가. 자네가 이러한 차별심을 극복한다면 큰 우주의 본가(本家)로 들어 갈 수 있을 텐데…."

"아니, 큰 우주의 본가라니요?"

제자의 이 질문에 소태산은 말로는 설명이 어려운 듯 땅에 큰 원을 그리면서 말했다.

"이 원이 바로 큰 우주의 본가라 할 수 있지. 그런데 이 안에는 무궁한 이치, 보물, 조화 등 없는 것이 없다네,"

"그 본가가 좋은 것이라면, 이제 어떻게 그 안에 들어갈 수 있는가가 문제이겠군요."

"좋은 지적이야. 여기에는 보통 전통적으로 세 가지 큰 힘이 필요하다고 하네. 먼저(우주의 깊은 이치에 대한 믿음과 나도 깨칠 수 있다는)

큰 믿음이 필요하고, 두 번째로는 (수행과정에서 왜 나만 못 깨치고 있나 하는 반성을 바탕으로 하는) 큰 분발심이 필요하지. 마지막으로는 (도대체 먼저 깨친 이들이 무엇 때문에 화두 등을 들고 큰 수행을 했나 하는 등의) 큰 의심을 내어 전일하게 밀고 나가는 것이 필요하지."(소태산)

이 글에서는 우주와 일체감을 갖고 사는 진인(眞人)의 모습을 볼 수 있다. 더 이상 '나'를 고집하지 않기 때문에 나와 남이 둘이 아닌 경지에 올라 모든 우주를 바로 나의 수행의 터로 삼는 것이다.

이러한 경지를 많은 종교에서 여러 형태로 상징하여 말해 왔지만, 그 가운데에서도 원은 궁극의 경지를 표상할 때 많이 이용되는 것 같다. 원은 시작이나 끝이 없고, 그 모양이 모가 없이 완전무결해, 궁극성을 상징하기 때문이다. 만다라 등에 사각형과 함께 원이 많이 사용되는 것은 바로 이 때문이다.

이 궁극의 경지로 들어가는 데에는 많은 길이 있는데, 소태산이 여기에서 제시한 길은 전통적으로 선가(禪家)에서 주장되는 것이다. 신(信), 분(憤), 의(疑)가 그것으로, 진리를 탐구하는 데에 꼭 필요한 세 가지 마음가짐을 말한다.

조선불교혁신론

"옛날에는 불교의 모든 것이 세속을 떠난 이들을 중심으로 해서 만들어졌기 때문에 일반인들과는 여러 모로 잘 맞지 않았소. 게다가 종교는 일반 대중들을 그 대상으로 해야 하는데, 사람이 전혀 살지 않는 산 속에 사찰을 두었을 뿐만 아니라, 그 가르침은 보통으로 교육 받은 사람도 이해하기 힘든 말로 되어 있지 않소?

아울러 승려들은 모든 직업을 다 버리고 신도들이 갖다 주는 시주로만 생활하니, 일반 대중이 따를 수 있는 생활은 아니라 하겠소. 또 승려들은 절대로 결혼할 수 없을 뿐만 아니라, 예법 면을 보면 여러 가지 불공법을 밝혀 놓았지만, 일상사에서 가장 중요한 결혼·장례 등과 같은 예법은 전혀 밝혀 놓지 않았으니, 그 포괄하는 범위가 넓다고 할 수만은 없는 것이오.

따라서 앞으로는 출가한 것과 하지 않는 것을 나누지 않고, 수도하는 장소도 신도들이 있는 곳 어디든 마련해야 할 것이며, 경전도 그 정수만 추려 쉽게 편찬해야 할 것이고, 출가자도 직업이나 결혼 문제는 당사자의 처지에 맞게 융통성을 가져야 할 것이오.

예법도 일상생활과 별 관계없는 불공법보다는 세속 예법을 더 밝히고, 교육도 유년기에는 문자를 배우게 하고, 장년기에는 사는 법을 알려주는 도학을 배우게 하고, 사회사업 등에 관심 갖도록 하며, 노년기에는 한적한 곳을 택해 세상살이에 관여하지 않으면서 오로지 깨달음에만 정진할 수 있게 해야 할 것이오."

(소태산)

윗글은 소태산이 쓴 『조선불교혁신론』을 다시 간략하게 풀어 쓴 것으로 기성 불교의 문제점과 그 해결책을 구체적으로 제시한 실로 장쾌한 개선책이라 아니 할 수 없다.

일반 사회에서는 만해 한용운의 『조선불교유신론』이 잘 알려져 있지만, 위의 내용을 주축으로 하는 소태산의 불교혁신론은 만해의 그것보다 훨씬 개혁적이고, 구체적인 데에도 불구하고 제대로 알려져 있지 않다.

그러나 만해의 주장은 불교계에 파묻혀 실현이 안 된 반면 소태산의 주장은 그의 교단 안에서 거의 실현되었으니 다행이라 하겠다. 이 글의 내용대로 원불교에서는 교당을 대부분 사람들과 가까운 도회지에 두었을 뿐만 아니라, 성직자들은 결혼할 수 있으며—여성 성직자는 경우가 다른 것 같지만—일상생활에 실제적으로 필요한 예법을 훌륭하게 갖추어 놓았다.

마지막 문단에서 소태산은 인생을 세 시기로 나누어 각 시기에 맞는 과업을 할당해 놓았는데, 힌두교에서도 비슷한 구분법이 있어 참고로 적어 본다.

힌두교에서는 인생 시기를 넷으로 구분하는데, '학생기', '가장기(家長期)', '은퇴기', '출가수행기'가 그것이다. 학생기에는 배우는 데에 주력하고, 가장기에는 결혼에 가정을 꾸리며, 은퇴기에는 세속 생활과 수행을 동시에 하고, 마지막으로 출가수행기에는 완전히 세속을 떠나 수행에만 전념하게 된다.

인생을 이런 식으로 산다면 가장 바람직할 것으로 생각되는데 주위에서 이렇게 사는 사람을 보기가 쉽지 않다. 특히 마지막 시기에 세속 일을 모두 놓고 수행에 전념하는 일은 아주 중요한 일이다. 이렇게 인생을 끝내는 게 가장 좋기 때문이다. 그런데 그렇게 하려면 젊은 시절부터 지속적으로 수행해야 한다. 젊은 시절에 돈만 좇다가 늙어서 갑자기 수행에 뛰어들 수는 없다. 그런데 안타깝게도 우리 주위에는 죽을 때까지 세속 일에 파묻혀 사는 사람이 너무도 많다.

진정한 종교란?

"종교의 가르침을 활용해서 생활의 향상을 꾀하는 것은 물론 좋은 일이지만, 그 종교에 사로잡혀 일생을 헛되이 보내서는 안 되네. 가령, 불교가 세상을 건지는 훌륭한 가르침에는 분명하지만, 세상을 피해 산에 들어가 염불이나 참선만을 행하면서 일생을 헛되이 보낸다면, 불교 자체에 얽매이는 것이라고 밖에는 말할 수 없네. 이런 사람은 자신에게나 세상에 별다른 이익이 되는 사람이 아니네."(소태산)

여기에서 소태산은 종교의 가르침이 아무리 훌륭하다 하더라도 그 종교에 사로잡혀서는 안 된다고 말한다.

소태산의 가르침이 훌륭한 것은 바로 위의 법설과 같이 스스로의 법설까지도 부정하고 뛰어 넘을 수 있는 '자기부정기제(self-negation mechanism)'가 교리 안에 있다는 것이다. 아무리 훌륭한 종교적 가르침이라 해도, 그것이 우리의 삶에 유용할 때에나 좋은 것이지 그것 자체로 좋은 것은 아니라는 것은 실로 대단한 가르침이 아닐 수 없다.

이러한 태도는 불교에서 그 전형적인 모습을 찾아볼 수 있다. 붓다가 자신의 가르침이 강을 건널 때 타는 뗏목과 같은 것이라고 말한 것이 그것이다. 뗏목은 강을 건널 때까지만 필요한 것이지 건넌 다음에도 계속 지고 간다는 것은 어리석은 짓이라고 붓다는 말했다. 다시 말해서 자신의 가르침이라고 해서 무조건 끝까지 신봉해야 할 신성한 것이 아니라, 해탈을 얻는 데까지만 이용하는 수단에 불과하다는 것이다. 해탈을 얻은 다음에는 붓다의 가르침이 아무리 뛰어나다 하더라도 더 이상 거기에 매달릴 필요가 없다는 것이다.

이 주장은 모두 종교적 가르침이 세속적으로 이데올로기화하여 맹목적으로 신봉되는 것을 경계한 것이다. 이처럼 스스로를 부정할 수 있는 가르침이야말로 진정으로 뛰어난 가르침이다. 역설적으로 말해 종교는 그 가치가 무용화될 때 비로소 그 가치를 발현하게 된다. 그렇지 않은가? 종교는 인간의 궁극적인 문제가 무엇인가 분석하고 그 해결책을 제시한다. 따라서 만일 어떤 종교적 가르침에 따라 궁극적인 문제를 풀었다면 그 종교는 더 이상 필요없게 된다.

그런데 일부 고등 종교 가운데에는 어떤 교의를 절대로 버릴 수 없는 금과옥조처럼 믿으라고 가르치는 경우가 있다. 무조건 믿으라는 것이다. 이러한 경향은 유대교, 기독교, 이슬람교 등 셈족 계열의 종교에서 두드러진다.

가령 일반적인 기독교에서는 "예수는 유일한 구세주이다."라는 신조가 절대로 부정할 수 없는 교의로 되어 있는데, 동양 종교의 입장에서 보면 결국은 그것조차도 부정되어야 그 교의의 진가를 발휘된다고 할 수 있다. 기독교에서는 이러한 동양종교 입장을 받아들이지 못할 것이다. 이렇듯 종교는 서로 다르다.

진정한 불공법이란 - 실지불공법

하루는 소태산이 길을 가던 중, 지나가던 노부부와 말을 나누게 되었다.

소태산이 먼저 물었다.

"두 분께서는 지금 어디를 가시는 길인지요?"

"저희에게는 며느리가 하나 있는데, 성질이 여간 못된 게 아니라 절에 가서 불공을 드리면 혹 나아지지 않을까 해서, 실상사에 불공 드리러 가는 길입니다."

소태산이 다시 물었다.

"두 분께서는 생명이 없는 불상에게는 정성을 들이면서 왜 살아 있는 부처에게는 정성을 들이지 않습니까?"

노인 부부는 다소 의아해하면서 소태산에게 다시 물었다.

"아니 살아 있는 부처라니요? 그런 것이 어디 있습니까?"

"다름 아니라 두 분의 며느리가 바로 살아 있는 부처입니다. 왜냐하면 두 분께 효도하거나 불효할 수 있는 직접적인 권한은 며느리에게 있기 때문입니다. 그러니 그렇게 권능이 있는 대상에게 먼저 정성을 들여 보면 어떨까요?"

노인 부부는 그래도 약간은 석연치 않아 소태산에게 다시 물었다.

"일리 있는 말씀입니다마는 어떻게 불공을 드리면 좋겠습니까?"

"아주 간단합니다. 두 분께서 불공드릴 비용으로 며느리가 좋아할 만한 물건을 사 주고, 마치 부처님을 공양하는 것처럼 며느리를 위해 보십시오. 그러면 아마도 두 분이 들인 공에 비례해서 그 효과가 나타날 것입니다."

노부부는 소태산의 말을 따르기로 하고 집에 가서 며느리에게 그대로 했더니, 며느리가 정말로 착하게 변했다. 노부부가 소태산에게 와서 큰 감사를 드리자, 소태산은 제자들에게 이렇게 말했다.

"이것이 바로 죄나 복을 그것과 직접 관계되는 곳에 비는 실지불공법(實地佛供法)이라네."(소태산)

이것이 저 유명한 실지불공법(實地佛供法)의 예화로서, 실로 구체적이고 우리 일상사에 꼭 부합되는 가르침이라 아니 할 수 없다. 더 이상의 설명이 필요 없는 법문이다.

착한 사람들을 위해 필요한 자물쇠

소태산은 잠깐이라도 방을 비워야 할 일이 생기면 주의할 곳에는 꼭 자물쇠를 채워 단속을 게을리하지 않았다. 스승의 성자답지 않은 모습을 의아스럽게 생각한 제자가 그 이유를 물었다. 소태산이 대답했다.

"내 방에는 아직 수행이 미숙한 사람들이 많이 드나들지 않은가? 이 사람들 가운데 혹시 자물쇠가 없는 것을 보면 마음이 동해 죄를 지을 사람이 있을지도 모를 것 같아 미연에 방지하기 위해 그런 것이라네."(소태산)

이것은 너무도 사려 깊은 배려가 아닐 수 없다. 비슷한 이야기가 『탈무드』에도 나온다. 자물쇠란 도둑 때문에 필요한 것이 아니라, 착한 사람들을 위해서 필요한 것이라고 말이다. 도둑은 훔치려는 집념이 강해 자물쇠를 채워 놓아도 기어코 훔쳐 가기 때문에 자물쇠가 필요 없지만, 보통 사람들은 자물쇠가 채워져 있지 않으면 그 마음속에 숨어 있는-누구에게나 있을 수 있는-훔치려는 마음(見物生心)이 비집고 올라올 수 있어 자물쇠가 필요하다는 것이다.

이렇게 죄를 짓지 않게끔 하는 환경을 미리 만들어 놓는 것은 중요한 일이다.

모든 곳에 불상이 있다 - 처처불상(處處佛像)

시찰단 몇 명이 소태산을 방문했을 때의 일이다.

"선생의 교단에는 불상이 안 보이니 어디다 모시고 계십니까?"

소태산이 대답했다.

"우리 집 부처님은 지금 밖에들 나가 있으니 보시고 싶으면 잠깐만 기다리십시오."

시찰단들은 의외의 대답에 다소 당황해 했다. 잠시 후, 점심 식사 시간이 되자 들에 일하러 나갔던 소태산의 제자들이 농기구를 메고 돌아왔다. 소태산은 그들을 가리키며 이렇게 말했다.

"저 사람들이 다 우리 집 부처님입니다."

시찰단들은 더 의외의 대답에 어리둥절해 했다. (소태산)

원불교의 주요 강령 가운데에는 처처불상 사사불공(處處佛像 事事佛供)이라는 것이 있다. 윗글은 처처불상, 즉 모든 곳에 부처가 있다는 주장과 통하는 글이다.

또 전통 불교에서 부처를 법당 안의 불상에만 국한시켜 숭배하는 경향이 있는데, 이것에 대한 경책으로도 생각할 수 있다. 소태산의 이러한 해석은 '모든 중생이 부처'라는 불교 교리를 실제로 적용시켜 말한 것으로, 결코 정통 불교 교리에서 벗어난 것이 아니다.

인과론의 재확인

정산의 한 제자가 신식 학문을 공부하다가 유물론이나 교육학, 심리학 등에 심취하게 되어, 삼세인과를 부인하는 지경에 이르렀다. 그는 "인과설이라는 것은 다만 착한 일을 하라는 방편으로 내놓은 것이지 과학적으로 맞는 이론은 아니다."라고 주장하고 다녔다.

이에 정산은 이렇게 말했다. "인과의 진리는 지식으로 알 수 있는 것이 아니다. 이는 마음이 열려야 보이는 직관의 세계인데, 마음에 때가 끼어 있는 사람이 어떻게 알겠느냐? 참선할 때 마음이 어떤 상태로 되는지 알지 않느냐? 그와 같은 마음이 한결같이 깨어 있으면서도, 침묵 속에 석 달 이상 있은 후 진리에 다시 비추어 본 다음에야, 인과에 대해 지견이 생기는 것이다. 그런데 너는 기껏 책 몇 권을 보았다고 인과를 부인하려 하고, 스승님의 말씀을 믿지 않으려 하느냐?"

이 말씀에 제자는 깜짝 놀라 다시 인과설을 연구하기 시작하였다.(소태산)

이 글은 동양 식으로 전개된 종교와 과학의 갈등에 대한 논쟁 과정이라 볼 수 있겠다. 20세기에 들어오면서 과학에 대한 맹신이 생겨나,

사람들은 과학의 영역이 아닌 곳에서도 과학이라는 잣대를 마구 휘두르게 되었다. 이 때문인지 기독교인 가운데에는 내세를 믿지 않는 신(新)크리스천들이 특히 젊은 세대 가운데 많이 생겨났다. 마찬가지 현상이 불교에도 나타나, 현대의 과학적인 불교도 가운데에는 인과설을 하나의 비유 혹은 방편설로 생각하는 경향이 있다.

그런데 만일 기독교인이 내세를 믿지 않고, 불교인이 삼세 인과를 믿지 않는다면 심각한 문제가 생긴다. 즉 이 두 종교의 윤리적 근거를 제공하는 이론이 사라지게 되어, 이들을 기독교인 혹은 불교인이라고 부를 수 있는 근거 역시 사라질 수 있다.

게다가 과학을 맹신하는 소위 이 현대적 신도들이 오해하고 있는 것이 있다. 과학은 실험이 가능하고, 계측이 가능한 곳에서만 발언할 수 있다. 그것이 가능하지 않은 분야로 넘어가면 과학은 어떤 발언도 할 수 없을 뿐만 아니라 해서도 안 된다.

내세라든가 인과관계와 같은 종교 개념은 이 과학의 영역을 벗어나 있는 것이다. 따라서 과학은 이 교리에 대해 무엇이라고 말할 수 없다. 그런데 과학자가 과학으로 알 수 없다고 해서 그런 것이 없다고 부정할 수 있는 권리는 없다. 달리 말해서 종교적 신념에 대해서 과학이 부정하는 것은 월권행위에 해당한다는 말이다.

삼세 인과설과 같은 초과학적 이론들은 과학에서 사용하는 이성으로서는 이해하기 힘들다. 대신 직관이라는 인간의 또 다른 인식 능력이자 동양, 특히 힌두교에서는 이성보다 우위에 있는 것으로 보는 인식 능력을 통해서만 알 수 있다.

　이 직관을 기르는 방법에는 참선과 같은 동양적인 명상법이 있으며, 이것을 위해서는 몇 년 혹은 수십 년의 시간이 필요하다. 뒤에서도 다시 보겠지만 조지 미크(George Meek)라는 미국의 저명한 심령 연구가는 그의 『사람이 죽은 뒤에는 어떻게 될까? After we die, What then?』라는 저서에서 인간은 보통의식 상태에서는 윤회를 전혀 감지할 수 없지만 깊은 명상 상태에 들어가 의식이 고양되면 자연스럽게 윤회하는 실상을 알게 된다고 했다. 그런 상태에서는 윤회하는 모습이 너무 자명하게 보여 오히려 부정하는 게 이상하다고 한다. 따라서 정산의 지적대로 얄팍한 상식만 갖고 종교적 신념을 재단해서는 안 될 것이다.

03

지혜로운 삶이란?

우리는 자신이 상당히 논리적이고 지성적이라고 생각하기 쉽다. 하지만 언제나 자신에게 유리하게 논리를 전개하는 등, 극단적으로 말해서 아침과 저녁 때의 태도가 다른 경우가 너무도 많다. 도를 닦는 사람은 이것을 경계해야 한다. 자신에게는 무섭게 날카로운 칼날을 대고 있어야 한다. 행동에 어떠한 모순성도 있어서는 안 된다. 또 사람인지라 실수가 있어 그 모순성을 주위로부터 지적받는다면, 그 자리에서 회개하고 고쳐야 한다.

세상을 아는 지혜

"무릇 세상사에 임할 때 '우(愚), 어리석은 체하는 것, 묵(墨), 침착하게 하는 것, 눌(訥), 말조심 하는 것', 이 세 글자를 항상 염두에 두고 임하십시오. 만약 경솔하게 남의 말을 듣고 그에 따라 말하면, 반드시 나쁜 사람의 속임에 빠지게 되기 때문입니다."(해월)

세상을 아는 지혜에 대한 해월의 법설이다. 동양의 성인들은 항상 조심하고, 함부로 나서지 않으며, 조용하게 있는 것을 큰 덕목으로 여겼다. 아마도 이분들이 출세한 때가 너무도 어지러운 시절이라 스스로를 지키기 위해 이런 덕목을 가르쳤을지도 모르겠다.

노자도 『도덕경』에서 "성스러운 사람은 …스스로 드러내지 않으니 밝고, 스스로 옳다 하지 않으니 빛난다. 스스로 뽐내지 아니하니 공이 있고, 스스로 자만치 아니하니 으뜸이 된다.(是以聖人…不自見故明, 不自是故彰, 不自故有功, 不自務故長, 22장)"라고 하였다.

자기반성

하루는 한 제자가 밖에서 어떤 사람에게 큰 모욕을 당하고 들어왔다. 자초지종을 들은 증산이 그에게 말했다.

"청수를 떠 놓고 자신에게 허물이 없었는지 반성해 보게."

그 뒤에 제자를 모욕한 그 사람이 병이 들어 사경을 헤매다가 간신히 살아났다는 소식이 들려왔다.

이 소식을 들은 증산은 그 제자에게 타이르듯 말했다.

"앞으로도 같은 일을 당하게 되면 조금도 상대방을 원망하지 말고 스스로를 돌아보아야 하네. 이때 만일 잘못이 자기에게 있으면 반성함으로써 그 허물이 풀릴 것이고, 만일 자네에게 잘못이 없다면 자네에게로 향했던 나쁜 기운은 원래 그 기운을 발했던 그 사람에게로 돌아갈 걸세."(증산)

이런 유의 가르침은 많은 종교가들의 가르침에서 공통적으로 발견된다. 그 표현 양식은 다르지만, 결국 그 다양한 가르침 속에 흐르는 가르침은 자기반성이라는 덕목이다.

이 스승들의 가르침을 요약해 보면, 어떤 나쁜 일이 우리에게 닥치면 우선은 이것을 우리가 이전에 행했던 잘못에 대한 응징으로 이해해야 한다. 따라서 '나는 잘못이 하나도 없는데 왜 이런 고통을 받아야 하나?' 하고 도전적인 자세를 취할 것이 아니라, 무조건 수용하고 반성하며, 그 일을 통해 배우려는 자세를 가져야 한다.

그렇지 않고 또 원망을 한다면, 그 원망은 나중에 또 다른 좋지 못한 결과를 가져올 수 있다. 이렇게 되면 끊임없이 악순환이 되풀이될 뿐이다. 그래서 예수께서도 원수를 절대로 미움으로 갚아서는 안 된다고 하신 것이다.

다시 말해 자기반성을 통해 그 업보를 해소할 때, 비로소 그 사건과 자신은 무관해진다. 그래야 자신에게 향했던 나쁜 기운이 침범하지 못하고-자신도 같이 화를 내고 원망하면 그 나쁜 기운이 응해서 자신을 엄습하게 된다-그 원래의 자리로 돌아간다고 한다.

비유해서 말하면, 연못에 돌을 던져 생겨난 물결은 일단 동심원을 그리면서 바깥으로 퍼져 나가지만, 연못가에 이르면 다시 원점을 향해 되돌아가는 것과 같은 이치이다. 그러나 이렇게 이론적으로는 납득을 하더라도, 우리는 자신을 비판하는 좋지 못한 소리를 들으면 우선 화부터 내기 쉽다.

분명 우리 주위에는 전혀 설명할 길이 없는 나쁜 일이 종종 일어난다. 가령 아무 죄 없는 어린이가 선천성 질환으로 많은 고통을 겪으면서 죽는다든가, 그렇게 참하던 이웃집 처녀가 결혼을 앞두고 어느 날 갑자기 교통사고로 죽는다든지 하는 상황은, 위와 같은 가르침만으로는 설명이 되지 않는다.

이러한 문제를 다룬 책으로는 우리에게 많은 시사점을 던져주었던 책이 있다. 유대교 랍비인 해롤드 쿠스너가 쓴 『왜 착한 사람이 고통을 받습니까? When Bad Things Happen to Good People?』(1981)라는 책이다. 쿠스너는 자신의 사랑하는 아들이 조로증(早老症)에 걸려 16세의 나이에 70세의 노인이 되어 죽은 참담한 체험 끝에 이 책을 썼다.

저자는 이 책에서 우리가 이런 사태를 당했을 때 절대자에게 드릴 질문은 "왜 내가 이런 고통을 받아야 합니까?(Why me?)"라고 하면서 분개할 것이 아니라, 그 고통을 무조건 받아들이고, "주여! 이제 저는 이 슬픔을 극복하기 위해 어떻게 해야 합니까, 하느님께서는 그 방법을 가르쳐 주십시오."라는 겸허한 자세로 기도를 해야 한다고 역설하고 있다.

한과 증오

"내가 잘 살겠다고 다른 사람에게 원한을 지어서는 안 되오. 왜냐하면 그것이 척이 되어 되돌아오기 때문이오.

또, 다른 사람을 미워해서도 안 되오. 왜냐하면 그 당사자는 모를지라도 그의 신명이 먼저 알고 척을 만들어 되돌려 보내기 때문이오."(증산)

원한과 미움이 왜 나쁜가에 대한 증산의 설명이다. 증산이 우리에게 전하는 가르침 가운데 "척을 짓지 마라."는 중요한 부분이다.

모든 인간 생활에서 척이나 원, 한을 짓는 것은 가장 경계해야 할 일이다. 왜냐하면 그것들은 천지의 순조로운 기운이 순환되는 것을 막아 버리고, 그 결과–인체도 기의 흐름이 막히면 병에 걸리듯이–온갖 분쟁이나 싸움을 유발하기 때문이다.

모든 높은 종교적 가르침들은 한결같이 사람을 대할 때는 항상 전일하게 대해야 한다고 가르친다. 그 상대방이 있을 때는 물론 없을 때에도 그에 대해 일관된 태도를 유지해야 한다는 것이다.

소태산이나 정산도, 모든 기운은 진리적 허공법계에 기록되었다가 인연이 맞으면–파동이 공명하게 되면–다시 영향력을 발휘하기 때문에, 어떤 누구에 대해서도 그가 없다고 해서 나쁜 말을 해서는 안 된다고 했다.

소태산과 정산의 설명과 비교해 볼 때, 증산의 설명은 훨씬 더 토속적이다. 우선 '한'이라든가 '척'과 같은 용어부터가 그러하다. 여기서 증산이 말하는 신명은 우리를 수호하는 수호령(guardian spirit), 혹은 안내령이라는 설명도 가능하겠다.

세계적인 죽음학자인 퀴블러 로스 박사도 그의 책『사후생 On Life After Death』(1991, 최준식 역, 대화출판사, 1995)에서 사람들에게는 모두 한 명 이상의 수호령이 있다고 주장했다. 종교인부터 과학적인 정신과 의사까지 이런 것을 주장하는 것을 보면 신명의 존재를 쉽게 부정할 수 있는 성질은 아닌 것 같다.

보은의 중요성

"밥을 반 그릇만 얻어먹어도 잊지 말고 꼭 은혜를 갚아야 하오."
(증산)

증산식의 보은의 지극한 표현이다. 보은 이념은 해원 사상과 같이 증산 사상의 양대 지주를 이룬다.

이미 쌓인 원한을 풀어야 한다는 해원 이념이 다소 소극적인 면을 반영한다고 보면, 보은 이념은 "적을 짓지 말라."처럼 금지하는 식의 권고라기보다는, 무엇을 솔선해서 해야 한다는 - 여기서는 보은해야 한다는 말로 표현되어 있다 - 적극적인 면을 반영한다.

구한말의 선지자들은 자비나 사랑과 같은 덕목을 표현할 때 좀 더 한국식으로 하는 것을 좋아했다. 우리 민족의 옛이야기 가운데 '은혜 갚은 까치'와 같은 민담이 많은 것을 보면, 은혜를 갚는다는 것이 우리 민족에게 얼마나 중요한 덕목이었는가를 알 수 있다. 이처럼 우리 민족은 예부터 은혜를 갚는 것이 사람 되고 안 되는 것을 결정할 때 큰 비중을 차지하는 것으로 생각해 왔다.

증산은 이렇게 우리 민중들에게 친숙한 이념인 보은 사상을 다시금 강조한 것이다. 이 보은 이념은 소태산에게도 이어져 원불교의 주요 교리인 사은(四恩) 사상 - 즉 천지은(天地恩), 부모은(父母恩), 동포은(同

胞恩), 법률은(法律恩)—을 구성케 하였다.

증산의 보은 해석이 다소 인간 간의 관계에만 염두를 두고 있는 것이라면, 소태산의 사은 사상은 천지의 은혜까지 포함시켜 그 범위를 우주적으로 확대한 것이다.

한을 맺지 말아야

"한 사람이라도 원한을 품으면 당연히 천지의 기운이 막히게 되지만, 심지어는 파리 죽은 귀신같이 하찮아 보이는 것도 원한을 품으면 천지 기운이 막힐 수 있소."(증산)

증산은 틈만 있으면 원한이 얼마나 무서운가에 대해 역설했다. 한 번은 증산이 중요한 천지공사를 하고 있는데, 어떤 사람이 병을 고쳐 달라고 찾아왔다. 천지공사란 증산이 이 세계의 주재자로서 이전 시대, 즉 선천시대에 쌓인 한을 푸는 증산 특유의 종교 의례이다. 이를테면 천지굿이라고 할까.

너무나 중요한 공사에 몰두하고 있었던 증산은 그 사람의 요구를 들어줄 수가 없었다. 그 사람은 실망한 나머지 한을 품고 돌아갔다. 그러자 증산은 자신이 행하던 공사가 더 이상 진척이 안 되는 것을 곧 알아 차렸다. 증산은 제자를 시켜 황급히 그 사람을 찾았다. 그리고 그의 병을 고쳐 준 다음에야 공사를 다시 시작하였다.

이 이야기는 아무리 보잘 것 없는 사람이라도 그 사람이 품은 원한 때문에 천지 기운이 막히게 된다는 것을 말해 주는 것이니, 작은 한이라도 그것이 얼마나 무서운지를 보여주는 좋은 일화이다.

무릇 종교에서는 단체를 위해 개인이 희생되는 따위의 전체주의적인 발상을 절대로 용납하지 않는다. 그것은 한 사람 한 사람이 바로 이 우주가 존재하는 목적이며, 그 한 사람의 생명은 온 우주와도 바꿀 수 없는 지고한 것이기 때문이다. 아흔아홉 마리의 양보다 잃어버린 한 마리의 양이 소중하다는 예수님의 말씀도 같은 맥락으로 이해할 수 있다. 따라서 어떤 종교 단체이든 소소한 개인들이 제대로 대접받지 못하고, 돈 많은 순서대로, 나이가 많은 순서대로, 남녀 순서대로 사람들의 위치가 결정된다면, 이것은 종교의 근본 목표와는 정반대가 되는 셈이다.

증산은 여기서도 한참을 더 나아간다. 인간의 원한만을 문제 삼는 것이 아니라, 파리와 같은 미물의 한까지도 배려하고 있으니 말이다. 증산이 위대한 종교가로 불리는 것은 바로 이 때문이다. 다시 말해 인간 중심의 편협한 사고방식을 극복하고, 생명 중심의 높은 가르침을 설파하고 있기 때문이다.

이 정도 되면 증산을 따르는 사람들은 미물 곤충에게까지도 척을 짓지 않게 조심해야 한다. 이것은 땅 위의 벌레를 죽일 수 있기 때문에 밤에는 나다니지 않을 정도로 미물 곤충의 생명을 아낀다는 인도의 자이나교 승려들의 불살생심을 연상케 한다.

민중의 스승, 증산

"지난 과거 동안 처녀나 과부에게서 태어난 사생아나, 그 밖에 불의로 잘못 태어난 모든 아이들이 참혹하게 죽어 귀신이 되어, 철천지원한을 품고 탄환과 폭탄으로 변해 세상을 멸망하게 하는 바람에 세상이 이렇게 극악하게 됐소." (증산)

세상이 극악하게 된 이유를 증산은 원한과 연결시켜 설명했다. 증산은 여기에서 과거에 쌓였던 원한 가운데 특히 잘못 태어나고, 죽은 아이들의 원한에 초점을 맞추고 있다. 재미있는 것은, 이 이야기에서 증산의 주술적인(magical) 사고방식이 보인다는 점이다. 즉 이 원한 품은 아이의 귀신들이 세상을 직접 멸망시키려 하기보다는, 이들이 탄환이나 폭탄으로 변해 사람들을 상하게 한다는 것이다. 우리는 여기에서 민중들의 주술적인 사고방식을 겨냥해, 그것과 같은 수준에서, 그들이 쉽게 알아들을 수 있게끔 어려운 종교 가르침을 평이하게 설파하는 민중 종교가로서의 증산의 면모를 다시금 엿볼 수 있다.

사랑

"남이 나를 때리면 그 때린 손이 아프지 않느냐고 위로하시오."
(증산)

증산은 사랑을 이렇게 강하게 표현했다. 증산이 얼마나 적극적으로 사람들을 사랑할 것을 가르쳤는지 알 수 있는 좋은 가르침이다. 이렇게 사랑해야 할진대, 종교를 가짐으로써 가정이나 사회에 이전보다 더 많은 문제가 생긴다면, 이것은 무언가 한참 잘못된 것이다.

우리는 주위에서 어느 특정 종교를 신앙하게 되면서 다른 가족이나 주변 친구들과 소원해지고, 더 나아가서는 극도의 갈등상태에 이르는 경우를 가끔 목격한다. 이것은 그 종교가 잘못되었거나, 혹은 그 신자의 태도에 문제가 있는 것이다.

'religion(종교)'이라는 용어는 어원적으로 "다시 묶는다."는 뜻을 가지고 있는데, 이 뜻에 합당하게 종교는 이제까지 서로 원망했던, 혹은 소원했던 사람들과의 관계를 다시 사랑으로 묶어 주는 역할을 해야 한다. 그렇지 않고 원만했던 관계가 깨지고, 가출을 하고, 가정이 파괴되는 일이 일어난다면, 그 종교는 이미 종교라고 말할 수 없다. 그런데 우리 주위에서는 종교를 가짐으로써 더 불행해지는 사람들을 적지 않게 보아왔다. 본인은 자신의 신앙이 절대적으로 맞다고 주장하지만 결국 자신이나 이웃에게 해를 끼치는 경우가 너무나 많다. 사람들이 더 이상 잘못된 종교에 빠져 자신은 물론 가족과 친지들에 게까지 괴로움을 주는 일이 없기를 바랄 뿐이다.

독자 여러분이 어떤 종교를 가졌을 때, 자신이 신봉하는 종교가 제대로 된 것인지 아닌지를 알고 싶을 수 있다. 그런데 자신은 이미 그 종교에 깊이 빠져 객관적으로 판단할 수 있는 능력을 상실했다. 그럴 때 좋은 방법이 있다. 내가 종교를 믿은 후 가족이나 친구들과의 관계가 어떻게 변했는지를 보면 된다. 그들과의 관계가 예전보다 나아진 것이 없거나 오히려 더 소원해졌다면, 타자가 잘못됐다고 하지 말고 무조건 자신의 신앙을 다시 점검해야 한다.

말조심

"여러분들이 말을 할 때 자꾸 죽겠다 죽겠다 하는데, 이것은 고쳐야 하오. 가령 음식을 잘 차려 잘 먹어 놓고서는 '배불러 죽겠다'고 하고, 땀 흘려 일한 다음에도 '힘들어서 죽겠다'고 하지 않소. 그러나 이제는 모든 것이 말대로 되는 때이니, 만일 전염병이라도 돌아 정말로 죽게 되면 어떻게 하겠소."(증산)

말을 조심해야 한다고 가르치는 증산의 법설이다. 말이 씨가 된다는 극히 평범한 속담을 다시 생각나게 하는 좋은 법문이다. 그러나 또 거꾸로 생각해 보면, 그런 일이 생길 듯 하니까 그런 말을 하게 된다고도 볼 수 있을 것이다. 이렇게 세상만사는 서로 영향을 주고받는 관계 속에 있다. 가령 자세가 안 좋으면 올바른 생각을 할 수가 없고, 생각이 안 좋으면 자세가 나빠진다. 이때 다시 좋은 상태를 회복하려면 어느 하나부터 좋은 쪽으로 바꾸면 된다.

증산은 이것을 말조심하는 것으로부터 시작하라고 말하는 것이다. 그렇게 하면 나쁜 일이 생기게 되었을지라도 비켜 간다거나, 영향을 줄일 수 있게 된다는 것이다.

마음 지키기

"마음 지키기가 죽기보다 어렵다."

"무슨 일을 할 때 성공하지 못하는 것은 일심(一心)을 가지지 못한 까닭이오. 일심만 갖게 된다면 이루지 못할 일이 하나도 없을 것이오. 그러므로 앞으로 어떤 일이 안 되더라도 일심을 갖지 못한 것을 한탄해야지, 일이 잘못되었다는 생각은 하지 마시오."(증산)

이 글은 마음공부에 대한 증산의 힘 있는 법언이다. 증산이 생각하는 일심(一心)은 불교의 『대승기신론』 등에서 말하는 일심과 같이 철학적인 교리가 아니다. 다만 한마음, 혹은 일관성을 지키면서 꾸준하게 나아가는, 아주 상식적인 차원에서 일심을 말하고 있다.

사실 한 가지 태도를 계속적으로 유지하는 것은 지극히 어려운 일이다. 우리 주위에서도 한 개인이 그 언행에서 완전한 일관성을 지속해서 지키는 예는 거의 발견할 수 없다.

우리는 자신이 상당히 논리적이고 지성적이라고 생각하기 쉽다. 하지만 언제나 자신에게 유리하게 논리를 전개하는 등, 극단적으로 말해서 아침과 저녁 때의 태도가 다른 경우가 너무도 많다. 도를 닦는 사람은 이것을 경계해야 한다. 자신에게는 무섭게 날카로운 칼날을 대고 있어야 한다. 행동에 어떠한 모순성도 있어서는 안 된다. 또 사람인지라 실수가 있어 그 모순성을 주위로부터 지적받는다면, 그 자리에서 회개하고 고쳐야 한다.

그런데 우리 인간은 일단 한 번 인식의 틀이 형성되면 그것을 바꾸기가 대단히 힘들다고 하는데 심리학자들은 이것을 실험으로 입증했다. 피실험자에게 어떤 문항을 외우게 한 다음 그것을 다른 형태로 바꾸어서 외우도록 하자 피실험자들은 육체적 고통을 느끼면서까지-다시 말해, 이전의 형태를 고집하면서-저항을 했다고 한다.

그러니 마음을 바꾸고 회개하기가 얼마나 힘든지 알 수 있다. 증산은 이 한마음을 지키는 것이 죽는 것보다 더 힘들다고 했다. 올바른 지적이라 생각된다. 이것을 어느 정도라도 할 수 없는 사람은 사회의 지도자가 될 수 없다. 아니, 되어서도 안 될 것이다. 현재 우리나라에서는 이것을 제대로 못 하는 사람, 그러니까 자신의 의견을 되는 대로 편의에 맞춰 바꾸는 사람들이 거의 대부분 사회 각계에서 지도자 노릇을 하고 있어, 나라의 장래가 염려스러울 뿐이다.

전성기일수록 조심할 것

"속담에 모기도 한창 때가 있다는 말이 있는데, 이는 다름이 아니라 아무리 미천한 사람이나 미물 곤충이라도 인생 중에 제일 좋은 때가 있다는 말이네. 그러나 진리를 모르고 사는 사람은 좋은 때를 만나면 항시 그러한 줄로 알고 죄를 더 짓기 쉬우며, 자칫 잘못하면 무서운 죄악의 함정에 빠지기가 쉽네. 그러니 자네들은 없던 돈이나 없던 권리가 생겨나고, 무슨 일이든지 마음대로 잘 될 때를 더욱 조심해야 하네. 그때가 바로 하늘이 그 사람에게 큰 복이나 재앙을 주려는 시험기이기 때문이네. 개인뿐만 아니라 나라나 단체도 항상 그 전성기에 더욱 조심해야 하네."(소태산)

소태산은 모든 일이 마음대로 잘 될 때를 경계하라고 말한다. 『주역』등에서도 말하는 바와 같이, 동양은 항상 조금 모자라는 상태를 완전한 것으로 보았고, 가장 완전한 것-가령 『주역』의 건괘와 같은 것-오히려 위험한 것으로 보았다. 따라서 동양의 현인들은 일이 잘 안 풀릴 때를 더 선호했고, 일이 지나치게 잘 풀리면 곧 경계태세로 들어가 언제 닥칠지 모를 불행에 대비하곤 했다.

반면에 서양에서는 무조건 가장 성(盛)한 것이나, 한 방향으로만-

그것도 바깥쪽이나 위쪽으로만-뻗어 나가는 것, 다시 말해 음양 중에 양(陽)적인 데에만 가치를 편중하는 것 같다. 서양의 역사가 슈팽글러(Spengler)는, 서구의 문화가 무조건 위로 혹은 밖으로 뻗어 나가는 것만을 지향한다는 의미에서 '파우스트(Faust)적'이라 정의했다.

이것을 그들의 언어에서 살펴보면, 우리는 건물의 위아래를 왕복하는 기계라는 뜻에서 승강기(昇降機)라고 하는 것을, 그들은 엘리베이터 혹은 리프트라 부르면서, 다만 올라가는 양(陽)적인 기능만을 일방적으로 지칭한다. 또 우리말의 문을 말하는 '출입구'는 나가고 들어오는 것을 동시에 의미하지만 영어에서는 'exit'(출구)라고 하여 나가는 것만을 이야기하지 들어오는 것에는 별 관심이 없다.

이 외에도 많은 예를 들 수 있는데, 결론적으로 말하면 서양인들은 동양인처럼 균형과 조화의 철학에 그리 밝지 않은 것 같다. 동양은 늙은 현인의 노숙한 문명을 가졌다면, 서양은 발랄한 젊은이의 문명을 가졌다고 말하면 쉽게 이해될지 모르겠다.

세상살이의 비결

"세상을 살아가는 데에는 좋은 비결이 세 가지 있네.
하나는, 내가 오래 살고 싶으면 어떻게 해서든지 남의 생명을
잘 보호해 주어야 하고,
둘째는, 내 물건을 오래 잘 가지고 싶으면 어떻게 해서든지 남
이 물건을 잘 가지게 해 줄 것이며,
셋째는, 내가 마음을 편안하게 가지고 싶으면 어떻게 해서든지
남의 마음을 편안하게 해 주어야 하네."(소태산)

세계의 모든 종교들은 모두 자기가 잘 되고 싶으면 남을 먼저 생각
해야 한다는, 즉 역설적인 의미로 이타주의를 가르친다는 점에서 공
통점을 갖고 있다. 이것은 아마도 우리가 갖고 있는 무명(無明)과 죄악
의 뿌리인 자기중심적 사고(self-centered thought)를 극복하게 하기 위한
가르침으로 생각된다.

공자는 자신이 설한 인(仁) 사상도 결국 충(忠)과 서(恕)로 축약될 수
있다고 말한 적이 있다. 이때 충(忠)은 남들이 나에게 해 주었으면 하
고 바라는 것을 내가 먼저 하는 것을 말하고, 서(恕)는 다른 사람이 내
게 안 했으면 하고 바라는 것을 나도 남에게 하지 않는 것을 말한다.
『논어』에서는 각각 '충'은 "내가 서고 싶으면 다른 사람을 먼저 세우

고 내가 잘 되고 싶으면 남을 먼저 잘 되게 한다(己欲立而立人, 己欲達而達人)."라고 하고 '서'는 "내가 원하지 않는 바를 남에게도 하지 않는다(己所不欲 勿施於人)."라고 풀이한다. 전자가 적극적인 사랑이라면, 후자는 소극적인 사랑이라고 할 수 있다.

종교의 높은 가르침은 세속의 가르침과는 달리 역설적인 경우가 많은데–예수께서 '나중 되는 자가 먼저 된다.'고 말했던 것처럼–위의 경우가 바로 그 대표적인 예이다.

원망을 은덕으로

어느 해 여름, 가뭄이 너무 오래 계속되어 농민들의 원성이 자자하자 소태산은 이렇게 짤막하게 훈시했다.

"비가 오래 오지 않는 지역에 사는 농민 대중은 천지를 원망하기보다는 (비가 골고루 잘 내렸던) 과거의 은덕을 더욱 느껴야 할 것이오."(소태산)

성숙한 인격을 가진 분들은 현실을 항상 긍정적인 시각에서 보려한다. 긍정적인 시각은 그때그때의 일들이 더 나쁘게 번지는 것을 막아 주고, 앞으로의 일이 좋은 방향으로 전환되도록 하는 견인차 역할을 한다. 그러나 역경이 찾아왔을 때, 자신이 긍정적인 방향으로 생각한다고 해서 누구나에게 그것이 가능한 것은 아니다. 여기에는 지혜를 갖춘 혜안이 절대적으로 필요하다. 성인들은 이러한 혜안이 있기 때문에 사물이나 사건을 근시안적으로 보지 않고 전체적인 시각으로 본다. 이것이 우리 눈에는 다만 긍정적인 시각으로 보는 것처럼 보이는 것이다. 따라서 여러 방법으로 지혜를 닦는 것이 필요하다.

어지러운 세상을 사는 비결

"세상을 사는 데에는 부드러움이 제일이며, 강함은 모든 재앙의 근본이 된다.

말할 때에는 항상 더듬는 듯 조심하고, 일에 임해서는 바보처럼 삼가는 듯 행하라. 급할수록 마음을 더욱 늦추고, 편할 때는 위태로울 것을 잊지 말아라. 일생을 이 글대로 살아간다면 진정한 대장부니라."(소태산)

소태산은 당시의 어지러운 세상을 큰 잘못 없이 살아갈 수 있는 비결을 많이 제시했는데, 그 대표적인 것은 위의 글이다.

이것은 지금 시대에도 여전히 의미 있는 가르침이다. 얼핏 보면 너무 소극적이지 않을까 하는 생각도 들지만, 이러한 부드러운 덕목은 강한 자만이 가질 수 있다. 그래서 소태산은 마지막에서 이러한 덕목의 소지자만이 진정한 대장부라고 한 것이다.

이와 비슷한 덕목은 『논어』, 『도덕경』 등과 같은 동양의 고전에서도 많이 발견된다. 그처럼 위의 덕목들은 동양 현인들의 모범적인 모습이었다. 그 가운데에서도 내가 제일 좋아하는 『도덕경』의 한 구절을 적어 본다.

세상 사람들은 마치 진수성찬이라도 받은 듯 신바람 났네.

화창한 봄날 정자에 올라 꽃구경이라도 하듯이.

그러나 나만은 담담하고 조용히 마음 동하는 기미도 없네.

마치 아직 웃을 줄도 모르는 갓난아이처럼

마치 아주 지쳐 돌아갈 집도 없는 강아지처럼

사람들은 무엇이든 남아돌 만큼 가지고 있지만

나만은 모든 걸 잃어버린 것 같네.

아, 나는 바보 같구나, 아무것도 모르고 멍하니

세상 사람들은 똑똑한데, 나는 그저 멍청할 뿐

남들은 딱 잘라 잘도 말하는데, 나만은 유유부단 우물쭈물

흔들흔들 흔들리는 큰 바다 같네.

쉴 줄 모르고 흘러가는 바람이네. (제20장)

간디도 가장 강한 자만이 다른 사람을 용서할 수 있다고 했다. 이
글을 매일 아침마다 읽거나, 족자로 만들어서 벽에 걸어놓고 매일매
일 마음에 새긴다면, 이번 생은 큰 잘못 없이 지낼 수 있지 않을까 싶
다.

상극의 씨, 상생의 씨

"그 사람이 없을지라도 그 사람을 미워하거나 욕하지 마시오. 천지의 기운은 서로 통해 있기 때문에, 그 사람이 모르게 욕을 하면 그 기운이 천지에 먼저 상극(相克)의 씨앗으로 되어 묻히게 되오. 이렇게 해서 심어진 씨앗이 그 인연을 만나면 상생(相生)의 씨는 좋은 결과를, 상극의 씨는 나쁜 결과를 맺게 될 것이오."(소태산)

남이 없을지라도 우리가 그 사람에 대해 하는 모든 생각과 행동은 앞으로의 일에 영향을 미친다는 소태산의 가르침이다.

어떤 사람이 자리에 없을 때에도, 그가 있을 때나 다름없이 똑같은 태도를 취하라는 것은, 모든 (고등)종교에서 공통적으로 가르치고 있는 가르침일 것이다. 다만 그것을 표현하는 방법이 약간 다를 뿐이다. 우리는 앞에서도 증산의 가르침을 들어 비슷한 류의 이야기를 했다. 즉 증산은 당사자가 없을 때 그 사람을 나쁘게 이야기하지 말라는 권고를, "그 당사자는 몰라도 그의 신명이 먼저 알아서 척을 짓는다."라고 하였다.

비슷한 맥락에서 유교의 『중용』에서 말하는 절대적 성실성[誠]에 투철하면 우리는 앞뒤의 모습에 일관성을 갖게 될 것이다.

고대 인도에서는 우리가 하는 모든 언행이 우주에 가득 차 있는 '아카샤'라 불리는 우주 의식에 기록되었다가, 일정한 시기가 되거나 그것에 맞는 인연을 만나면 다시 발현된다고 주장했는데, 이것도 위의 법문과 상통하는 바가 있다. 그러니 일상생활 속에서 순간순간의 생각이 얼마나 중요한가를 알 수 있다.

용맹과 재주

"용맹한 사람은 강적을 만나기가 쉽고, 재주 있는 사람은 일을 그르치기 쉽다."(소태산)

간단하면서도 강력한 설법이다. 이와 같이 동양의 현인들은 항상 나서고, 극단적으로 무엇을 행하는 것의 무모함을 지적했다. 젊은 세대들은 이것을 비겁하고 도피적인 것이라고 볼 수도 있겠지만, 결국 기나긴 인생 여정에서 승리하는 사람은 이런 덕을 따른 사람들이다.

동양의 현인 가운데에서 이런 덕을 가장 칭송했던 이가 바로 노자이다 (물론 노자를 실제의 인물로 보지 않는 게 학계의 정설이긴 하지만). 그는 『도덕경』에서 이렇게 양보하고, 조용하고, 부드러움을 찬양하는 덕목들을 설명하고 있다. 그가 도에 대해 설법할 때 도는 물과 같다든지, 어미 같다든지, 암말(玄牝)과 같다든지, 골짜기와 같다든지 표현한 것은 모두 그가 이런 여성적인 덕목을 선호하고 있음을 보여준다.

속설

한 제자가 묻자, 정산이 답하였다.

"보통 세간에서는 좋은 날을 받는다고 하는데, 이 모두가 마음에 달려 있는 것이니 그와 같이 가리는 것은 소용없는 일 아닙니까?"

"그것은 다 사람이 만든 것이니 별 볼 것 없네."

"그러면 집터 가리는 것도 소용없습니까?"

"그것도 소용없는 것이지만, 대개 보아서 산천 정기가 빠지지 않고 응해 주는 곳이면 좋지."

"궁합을 보니 좋지 않은데, 본인은 결혼을 하려고 하니 어쩌면 좋겠습니까?"

"서로 좋아하는 것은 궁합이 맞아서 그런 것이니 결혼하게 하지."(정산)

소태산이나 정산의 큰 특징 중의 하나는 어떠한 이론이나 종교적 교리도 배척하지 않고 포용하는 데에 있다. 앞에서 언급한 세 가지 민간 속설, 즉 택일 · 풍수 · 사주 등에 대한 정산의 반응도 이 포용 정신에서 크게 벗어나지 않는다.

이러한 민간 속설은 원래 우주와 인간을 연장선상에 놓고 양자를 관계 지우려는 소박한 노력에서 비롯된 것이지만, 지금까지 맹목적으로 흐른 감이 없지 않았다. 즉 사람들이 거기에 매이는 경우가 적지 않았던 것이다. 가령 궁합은 세상일을 너무 간단하게 보기 때문에–내가 보기로서는–별 의미가 없다고 생각하는데 보는 사람은 궁합의 결과에 완전히 수긍하지 않으면서도 정작 궁합에서 벗어나지 못한다. 그런데 정산은 민간 속설을 적절히 수용함으로써 그런 속설에 빠져 있는 사람들에게 상처를 입히지 않고 융섭하는 것이다.

특히 이러한 것들은 모두 인간의 마음에서 비롯되었으니 마음 쓰기에 달렸다고 함으로써, 전통의 불교 교리에 충실한 점이 눈에 띈다.

검약 정신

"나와 아무 관계없는 것이라고 해서 아껴 쓸 줄 모르는 자는 허공(법계)에 큰 빚을 지는 것이니, 너희들은 깊이 명심하여 저와 같이 전력을 헛되게 소모하지 말라. 그러나 그렇다고 해서 꼭 써야 할 자리에서 쓸 줄 모른다면 이것 역시 어리석은 것이다. 그러므로 잘 쓸 줄 아는 사람은 잘 아낄 줄도 알며, 잘 아끼는 사람은 잘 쓸 줄도 아는 것이다."(정산)

이 말은 자신이 기거하던 방 옆에 필요 없이 전등이 켜져 있는 것을 보고, 정산이 시자에게 불을 끄게 한 후 한 말이다. 성인들의 공공심을 읽을 수 있는 좋은 일화이다.

우리는 주위에서 남의 것이라고 해서, 공공의 것이라고 해서 아무렇게나 허투루 쓰는 것을 너무도 많이 보아 왔다. 그러나 그것을 위에서 말하는 것처럼 허공법계에 큰 빚을 지는 것이라고까지 말할 필요도 없다. 이것은 결국 우리 자원의 낭비일 뿐만 아니라 나중에 우리 스스로가 부담하는 경비로 충당되기 때문이다. 즉 우리 전체가 손해를 보는 것이니 그런 일을 해서는 안 되는 것이다.

만약 우리가 인식의 경계를 자기에게 국한시키지 않고,−전 우주까지는 못 가더라도−적어도 내가 속한 이 사회까지만이라도 넓힐 수 있다면 어떤 공공 기물도 내 것처럼 아껴 쓸 수 있을 것이다.

많이 개선되기는 했지만 아직도 우리나라의 공공장소에서의 질서 문화는 개선의 여지가 많다. 최근까지만 해도 공공장소의 수도꼭지 들이 남아나지 못했는데, 이것은 떼어다 다른 곳에 팔아 이득을 챙기 려는 의도에서 나온 것이 아니라 그냥 자기 것이 아니니까 함부로 써 온 우리들의 잘못된 공공관습에서 나온 결과이다. 요즈음은 그래도 예전에 비해서는 괜찮아진 모양이다. 우리에게는 이러한 기본적인 사회도덕이 하루바삐 정립되어야 하는데, 가장 문제시되는 사람들이 지도층, 그중에서도 정치가들이다.

종교적 삶은 역설적

"너희 이번 생은 안 나온 폭 잡고 살아라. 그러면 무아봉공(無我
奉公)이 될 것이다. 나를 자꾸 주체로 삼으니까 시기와 질투가
있지, 나를 없애면 시기, 질투, 원망이 모두 없어지고 마음이 편
안해질 것이다."(정산)

제자들에게 정산이 강하게 다짐한 말이다.

성인(聖人)들은 이처럼 우리가 어떻게 하면 우리 자신의 좁은 한계
를 벗어나서 사회와 이웃을 위해 봉사하게 할 수 있을까 하는 데에 대
해서 여간 골몰하신 게 아니다. 그들의 높은 식견으로 보기에는, 우리
가 저마다 자기만 잘되겠다고 애쓰는 꼴이, 결국은 서로를 해치는 결
과를 가져오게 될 것이 불을 보듯 뻔하니 하신 말일 게다.

그래서 소태산은 다른 기회에 중생들은 하나같이 자기만을 위해
살지만 결국은 남과 나를 다 해치게 되고, 보살들은 항상 남을 위해
사는 것처럼 보이지만 결국은 나와 남이 이득을 보게 된다고 말했다.

이와 같이 남을 위해서 사는 삶은 얼핏 보기에는 바보 같아 보이지
만, 결국은 보다 큰 이익이 나에게로 돌아오게 된다. 여기에는 아주
좋은 비유가 있다. 지옥과 천당을 비교하는 이야기이다.

이 두 곳에서는 식사를 할 때 젓가락이 팔 길이보다 길어서 도저히

제 입으로 음식을 입에 가져갈 수 없다고 한다. 그런데 지옥에서는 어차피 못 먹는 줄 알면서도 저 혼자만 먹겠다고 발버둥 치다가 결국은 누구도 음식을 못 먹게 되는 반면, 천당에서는 그런 사실을 익히 알고 각자가 상대방에게 음식을 먹여 주어 결국 모두가 먹을 수 있다는 것이다. 다시 말해 천당과 지옥은 외형이나 조건이 아니라 마음가짐에 의해 좌우된다는 것이다. 실로 탁월한 비유가 아닐 수 없다.

이렇듯 종교적인 삶은 역설적이다. 먼저 죽어야 참으로 살 수 있고, 나중 되는 자가 먼저 될 수 있다고 하는 것 등도 모두 그것을 말한다. 우리의 삶 가운데 많은 부분은 자신의 행복과 기쁨을 위한 것에 바쳐지게 된다. 그런데 종교에서는 역설적으로 참 기쁨이란 자신만을 위하려 할 때는 얻을 수 없고, 대신 자신을 남에게 내어 줄 때, 즉 자신을 희생해서 이웃을 위한다거나 더 큰 공동체에 봉사할 때 느낄 수 있다고 가르친다.

자기 속에 갇힌 삶에 대한 적절한 비유는 기독교의 『구약성서』에서도 찾아볼 수 있다. 요나는 야훼로부터 그의 가르침을 어떤 마을에 가서 알려 그 마을사람들을 회개시키라는 명령을 받지만, 그 명을 거절하여 고래의 배 안에 갇히게 된다. 이것은 이웃 사랑의 실천을 거부하면 다른 모든 사람으로부터 철저하게 고립되게 되는 삶을, 고래 배 속에 갇힌 고독한 상태로 비유한 것이다.

거듭 말하지만, 우리 중생들의 가장 궁극적인 문제는 자기를 주체로 삼아 자기중심적인 사고를 하는 것이고, 종교의 궁극적 과제는 이러한 이기적 사고를 극복하는 것이다. 그러기에 기독교에서는 자기를 완전히 내어 주는 사랑을 가르치고, 불교는 가없는 자비와 더불어 이것을 꿰뚫어 볼 수 있는 지혜를 닦을 것을 권한다.

인도 사상의 정수라 할 수 있는 요가에서도 마찬가지이다. 파탄 잘리의 『요가수트라』에서는, 요가의 목적은 '마음 작용을 그치게 하는 데 있다.'고 했다. 이것은 정확한 지적이다. 일단 마음이 일어나는 순간, 사람은 자기중심적이 되기 때문이다.

그러면 어떻게 해야 마음이 일어나면서도 자기중심적이 되지 않을 수 있을까? 불교의 『금강경』에 "마땅히 어느 한 곳에 집착함이 없이 마음을 내라(應無所住而生其心)."고 하는 것도 이 경지를 두고 한 말일 텐데, 여전히 이 상태가 과연 어떻게 해야 가능할는지 의문이 남는다. 화두와 같은 말이다.

진정한 보살심

"공적인 일 외에는 불을 켜지 말라."(정산)

여름 밤, 전등불에 뭇 벌레들이 날아와 죽는 것을 보고 정산이 한 말이다. 이 한마디의 간단한 말에서 생명을 아끼는 동양 종교의 진수를 다시 보는 것 같다.

동양 종교에서는 하찮은 벌레 하나라도 그 생명성을 존중했다. 이에 비해 현대 과학이 만들어 낸, 나방이나 모기 죽이는 파란 형광불이 달린 등(전자 파리채)의 발상은 정산의 이 생명 중시 사상과 너무나도 큰 대조를 이룬다.

생명 중시 사상은 인도의 자이나교에서 그 극치를 이룬다. 자이나교에서는 아힘사, 즉 불살생계를 엄격하게 실천한 것으로 유명한데, 이들의 생명 중시 사상은 실로 상상을 초월한다.

자이나교의 승려들은 코앞에 천을 놓아 숨을 쉴 때 벌레들이 입에 들어가 죽는 것을 막는다고 한다. 또 밤에는 외출을 하지 않는다고 하는데, 그것은 어두워서 벌레들을 밟아 죽일지도 모르기 때문이라는 것이다. 물을 마실 때도 천으로 걸러 먹어 벌레까지 마시는 것을 방지하는 등, 그들의 불상생을 위한 노력은 참으로 대단하다.

그들의 이러한 행동은 그것이 단지 자이나교의 승려로서 지켜야 할 계율이기 때문만은 아닐 것이다. 온 생명이 하나라는 것을 높은 직관을 통해 확실하게 보았기 때문에 실행하는 것일 게다.

이러한 자이나교 교리의 영향을 강하게 받은 이가 바로 인도의 대성 마하트마 간디이다. 간디의 철저한 비폭력 정신은 이와 같이 그 정신적 내력의 뿌리가 깊다. 재미있는 것은 간디의 이러한 비폭력 정신의 영향을 가장 많이 받은 사람이 미국의 저명한 흑인 인권 운동가였던 마르틴 루터 킹 목사라는 사실이다. 현대에는 이렇듯 힌두교, 자이나교, 기독교와 같은 종교 간의 교통이 생각보다 훨씬 더 활발하게 이루어지고 있다.

불교에서 승려들에게 육식을 금지하는 것은 일단은 이런 이유에서이다. 그 외에도 육식을 하면 동적인 에너지가 많이 발생해 물욕이나 정욕이 제어할 수 없는 정도로 생기게 되어 수도를 방해한다는 이유도 포함된다. 불교에서 명상의 목적은 자아의 내면을 들여다보면서 침잠하는 것인데, 동적인 에너지가 많이 생기면 마음이 밖으로 치닫게 되어 내면의 성찰이 불가능하게 된다. 현대인-아니 대부분의 인류-은 대부분 이런 상태에서 살고 있다. 이 상태를 상대적으로나마 종식시키는 일은 육식을 끊고 식사를 적게 하는 것이다. 배가 비어 있으면 상대적으로 머리는 맑아지게 되기 때문이다.

마음 쓰기 나름

정산에게는 출가하기 전부터 풍수지리설에 조예가 깊었던 제
자가 있었다. 하루는 정산이 그에게 물었다.

"이리 교당 터가 어떻던가?"

"그리 좋지 않습니다. 비탈지고……."

"그런 말 말고 자꾸 좋다고 하게."(정산)

이 일화는 아주 간단하지만 시사하는 바가 많다. 단도직입적으로
말해, 모든 것은 우리 인간의 마음이 주체가 되어 벌어지는 현상-전
통불교에서는 이것을 일체유심조(一切唯心造)라고 한다-이라는 것이
다. 외부에서 벌어지는 현상은 우리의 마음과 전혀 관계가 없는 상태
에서 일어나는 것이 아니라 우리의 생각에 따라 달라진다는 생각이
다. 아니, 불교의 유식학(唯識學)에서처럼 외부세계는 바로 우리 마음
이 투영된 그 자체라고까지 말하는 경우도 있다.

우리는 모두 이런 능력을 갖추고 있음에도 불구하고, 그 사실을 자
각하지 못하고 외부의 시론, 다른 사람의 의견, 유행 등과 같은 수많
은 외적인 기준에 자신을 맞추려고 안달을 하며 산다. 그리고 그것의
노예가 된다. 정산의 다른 법어에서도 알 수 있지만, 택일하는 것에
걸리고, 사주나 궁합에 걸리고, 또 "좋은 게 좋다."는 비굴한 표어를

앞세워서 세상의 천박한 가치 기준을 넘어서지 못하고 거기에 묶인 채로 노예 생활을 하는 것이 중생적인 우리의 삶인 것이다.

위의 얘기에서 정산은 바로 그러한 한계를 넘어서라고 아주 부드러운 소리로 포효한다. 자꾸 좋다고 우리 마음속으로 생각하면 웬만한 외적인 현상은 좋게 바뀐다. 우리 마음에는 그러한 능력이 있다.

사실 우리 마음의 조화력은 상상을 불허할 정도이다. 우리는 대부분의 자연현상이 자연의 법칙대로 일어난다고 생각하는데 그렇지 않은 경우도 많다. 가령 상상임신의 경우를 예로 들어보자. 상상임신은 열 달 뒤에 아기가 나오지 않는다는 것을 빼 놓고는 실제의 임신과 그 증상이 거의 같다. 생리가 그치고, 배가 나오고, 구역질이 나는 등등.

심리학자들은 이런 실험을 했다. 피 실험자에게 최면을 걸어놓고 그냥 손가락을 갖다 대면서 매우 뜨거운 것이라는 암시를 주자 피 실험자는 '아이 뜨거워'라고 소리를 쳤을 뿐만 아니라 손을 댄 부위에는 물집이 생겼다는 것이다. 이것은 뜨거운 물건만이 화상을 입힐 수 있다는 자연현상에 반하는 것이다. 즉 마음이 뜨겁다고 생각하는 것만으로도 화상이 생긴 것이다. 극단적으로 이야기하면 아무리 뜨거운 물건을 갖다 대어도 마음에서 뜨겁다고 생각하지 않으면 화상은커녕 뜨겁다는 생각조차 안 갖는 것도 가능할 것이다. 이렇듯 마음은 그 작용이 오묘하다.

조금 다른 이야기지만, ─인도의 철학자 라다크리슈난에 의하면─그 출처가 같은 것이었을 불교의 『법화경』에 나오는 빈자(貧者)의 비유나, 기독교의 『바이블』에 나오는 탕자의 비유가 이 대목에서 도움이 될는지 모르겠다.

즉 우리는 원래 돈 많은 부자의 아들, 딸이었는데, 그것을 자각하지 못하고 온갖 거지, 노예 생활을 하다가 뒤늦게 돌아와 그 사실을 자각한다는 것이 그것이다. 다시 말해 우리는 원래부터 온갖 오묘한 능력을 갖춘 부처님 성품이나 하느님 성품을 가지고 있는데, 그것을 직시하지 못하고 어리석은 생활을 거듭하고 있다는 것이다. 종교는 바로 이러한 우리의 원래 모습을 찾도록 인도하는 것이 그 본령이다.

세상에서 가장 어려운 일

"어리석은 사람은 항상 제 생각만 하기 때문에, 바로 그 자기 중심적 생각에 이끌려 모든 잘못을 저지르게 됩니다. 그런데 주목할 만한 것은 아무리 자기 생각만 하는 어리석은 사람이라도, 다른 사람을 비판할 때는 걸림이 없고, 논리가 정연하고 밝다는 사실입니다. 따라서 이 다른 사람을 비판할 때 사용하는 밝음과 논리 정연함을 자신의 허물을 비추는 데에 사용한다면, 쉽게 자신의 과오를 더 이상 반복하지 않을 수 있을 것입니다."

"다른 사람의 충고를 받아들일 수 있는 사람은 일취월장하여 크게 진보할 수 있는 사람입니다. 또, 눈이 제 눈을 못 보고, 거울이 제 자신을 비출 수 없듯이, 보통의 우리는 자신에 대한 집착 때문에 자기 허물은 보지 않고 남의 잘잘못만 가리려 합니다.
그러나 현명한 이는 남과 나를 초월하여 객관적으로 자신을 살피기 때문에 자타의 시비를 바르게 가릴 줄 압니다."(정산)

자기 허물을 고치는 방법과 자기반성에 대한 정산의 조언이다.

어리석은 세상 사람들이 자기중심적 사고 때문에 잘못을 저지른다는 것은 익히 알고 있는 바이다. 그런데 위에 인용한 가르침에서 높은 통찰력이 있다고 생각되는 것은, 어리석은 사람도 다른 사람의 잘못을 지적할 때는 머리가 꽤 밝아지니, 이 밝음을 남한테만 쏟지 말고 자기에게도 적용하여 자기를 개선하는 데에 이용하라는 대목이다.

그러나 문제는 성인들은 "자기 눈에 든 들보는 못 보면서 남의 눈에 있는 티끌은 보려 하느냐."는 등, 자기반성에 관계되는 온갖 가르침을 주셨는데, 우리는 끈질기게 그렇게 하지 못하는 데, 아니 하지 않으려는 데에 있다. 세상에서 가장 하기 쉬운 일을 꼽으라면 그것은 아마도 남을 비판하는 일일 것 같고, 가장 힘든 일을 들라면 자기 자신을 되돌아보고 반성하는 일이 아닐까 싶다.

심리학자 융에 의하면 우리 마음속에는 자기 성격 가운데 감추고 싶은 어두운 측면을 나타내는 그림자(shadow)와 같은 부분이 있는데, 이것을 우리는 대부분 다른 사람에게 투사해서, 그 어두운 속성이 마치 자신의 것이 아닌 것처럼 자위하려고 애쓴다고 한다. 따라서 이 이론에 따르면, 남에게서 발견하는 단점은 바로 나 자신의 단점이기도 하다. 그래서 가장 미워하는 사람이 나와 가장 닮은 사람일 수 있으며, 미워하면서 배운다는 옛 말도 그런 의미에서 타당성이 있다.

융은 자신의 대표적 학설 중 하나인 개인화 과정(Individuation)을 설명하면서 사람이 자신의 참다운 자아로 되돌아가기 위해 가장 먼저 이루어야 할 일은 바로 스스로 반성하는 과정을 통해 이 그림자를 객관화시켜 자기 자신의 성격 안으로 통합하는 것이라고 했다. 자신의 단점을 다른 사람에게 투사하지 말고, 자기 성격의 일부로 받아들여야 한다는 것이다. 융의 이론과 위의 법문은 이런 점에서 시사하는 게 많다.

사심 없기

한 제자가 정산에게 물었다.

"스승님, 어떻게 해야 이 천지 간의 큰 힘을 얻어 큰 일을 할 수 있겠습니까?"

정산이 단호하게 대답했다.

"사(邪)만 떨어지면 되네."(정산)

이 가르침은 너무 간단하기에 힘이 있다.

실제로 크고, 참되고, 유익한 일을 하는 데에는 큰 노하우가 필요 없다. 이 말씀대로 다만 자기 사신만 비우면 된다. 공자도 『시경』에 일관되게 흐르는 정신은 '사무사(思無邪)'라고 못박아 말씀하셨다. 다른 해석도 있지만, '사무사'란 보통 "생각함에 사악함이 없다."로 해석된다. 여기서 말하는 사(邪)란 누누이 강조되는 자기중심적 사고방식을 말한다.

불교에서는 인간의 궁극적인 문제를 무명(無明)이라는 용어로 집약하여 말하고 있다. 그런데 이 무명의 근원이 무엇인가에 대해서는 확실하게 말하지 않고, 다만 한 생각이 홀연히 일어나서 이 무명이 시작되었다고만 말한다. 이것은 모든 종교에서 설명해야 할 가장 궁극적인 문제인 악의 문제, 즉 인간 세상에 악이 어떻게 생겨나서 이 세상에 고통이 가득하게 되었나에 대한 설명이 된다.

그런가 하면 기독교(유대교)에서는 창세기의 아담과 이브의 신화라는 대단히 뛰어난 설화를 통해 악이 세상에 어떻게 들어오게 되었나를 설명한다. 그런데 결국 불교에서 말하는 '홀연히 일어난 한 생각'이나, 기독교의 창세기 신화—이 신화는 별도의 장이 필요할 정도로 중요한 내용을 담고 있어 자세한 설명은 다음 기회로 미룬다.—에서 말하는 것은 곧 자기라는 개념(ego concept)이 어떻게 해서 생겨났는가를 보여 주고 있다.

인간의 원초적인 악이란—가령 선악과나무의 과일을 따 먹었다고 하는 등—어떤 특정한 나쁜 행동을 저질렀기 때문에 생겨난 것이 아니라, 바로 자기가 존재한다는 것을 아는 자기 개념이 형성되면서 어쩔 수 없이 자기중심적이 되어 생겨나는 것이다.

다시 강조하지만 모든 종교의 근본 목표는 이 자기중심적 사고의 극복에 있고, 의례와 수행 등 종교에 관계되는 모든 것은 이 사고의 극복에 초점을 맞추고 있다고 해도 과언이 아닐 것이다.

원망과 은혜

"부분적으로 약간의 해를 입었다고 해서 이전에 입은 큰 은혜를 무시하고 원망한다면, 이것은 한 끼 밥에 체했다고 해서 밥 자체를 원수로 여기는 것과 같은 것입니다."(정산)

정산은 은혜 갚는 것의 중요함을 다시금 이렇게 강조했다.

소태산도 중생은 열 번을 잘해 주었어도 한 번 잘못하면 원망하는 마음을 갖는 반면, 보살은 열 번 잘못하다가도 한 번 잘 해주면 감사의 마음을 갖는다고 했다.

이런 말씀을 들으면 우리는 어쩌면 이렇게 중생적인 삶만 살고 있을까 하는 자탄스러운 생각이 든다. 그러면서도 우리는 자신을 개선하려고 노력하기는커녕, 어떻게 하면 남을 원망할 수 있을까, 혹은 깎아 내릴 수 있을까 하고 기회를 엿본다. 그리고 조금만 우리 자신에게 불이익적인 상황이 벌어지면 곧 남을 원망하고 욕을 해 댄다.

조금은 딴 이야기이지만 서울과 같은 대도시에서의 생활은 특히나 이런 반인간적인 삶을 가중시킨다. 그런데도 우리는 어리석게도 이 서울에만 살겠다고 발버둥 치며 몰려든다. 서울은 떠나자니 문명세계에서 뒤처질 것 같고, 안 떠나자니 인간으로서 자연과 함께 전체적으로 사는 삶이 불가능할 것 같고…. 서울은 참 계륵 같은 곳이다.

04

인간에 대해

소태산의 전체 법설 가운데 가장 중요한 부분 중의 하나가 이 은(恩)사상이다.
그래서 원불교단의 주요 표어 중의 하나가 바로 "원망 생활을 감사 생활로 돌
리자."로 되어 있다. 우리는 크게 볼 때 큰 은혜 속에 살고 있으면서도 우리에
대한 이웃 사람들의 태도 속에서 조금만 섭섭한 것을 발견하면, 그 이전까지의
모든 은혜는 다 잊어버리고 증오하고 원망하게 된다. 그런데 증오와 원망 속의
삶은 바로 지옥에서의 삶과 다를 바 없는 고통을 가져온다. 이 때문에 소태산
은 어떻게 해서든 그 나쁘디 나쁜 현실 속에서도 긍정적인 것을 발견하여, 그
은혜에 감사해야 한다고 가르치고 있다.

어린이는 바로 한울님

"우리 교단에서는 어머니가 아이를 경솔히 때리는 일이 있어서는 안 될 것입니다. 아이를 때리는 것은 곧 한울님을 때리는 것과 같은 것이라, 한울님이 싫어하는 일이고, 한울님의 기운이 상하게 됩니다. 만일 우리 교단의 어머니들이 한울님이 싫어하는 것을 두려워하지 않고, 그 기운을 상하는 것도 두려워하지 않아, 아이를 경솔하게 때리면 그 아이가 죽을 수도 있으니 일절 아이를 때려서는 안 됩니다."(해월)

오랜 세월 여성들과 함께 철저히 소외된 세층으로 있으면서 제대로 대접받지 못했던, 어린이를 존중할 것을 선언한 해월의 말씀이다.

이 이야기는 지금과 같이 어린이들의 인격이 이전과는 비교가 안 될 정도로 우대받고 심지어는 어린이들에 대한 과보호가 오히려 문제가 되는 시기에는 적절치 못한 것일지도 모르겠다.

그러나 우리는 장유유서라는 완고하고 수직적인 덕목으로 인해 어린이의 인권이 무시되었던 조선조 오백 년이라는 역사적 맥락 속에서 이 글을 살펴보아야 한다. 조선조 오백 년 동안, 어린이들은 여성들과 함께 철저하게 소외된 계층으로 사람대접을 제대로 받지 못했다. 어린이들은 항상 멸시를 받았고, 심부름이나 하는 대상에 불과했을 뿐만 아니라, 놀려먹을 수 있었던 주요한 대상이었다.

가령 호랑이가 온다고 거짓말해서 어린이에게 겁을 주어 그 우는 것을 보고 우습다고 박수 치는, 이런 것들이 전 시대 어른들이 자행한 작태였던 것이다. 이러한 폐습에 종지부를 찍고, 어린이는 바로 한울님이니 한 인간으로서 인격적인 대우를 해야 한다고 선언한 것은 그 당시로서는 실로 놀라운 일이 아닐 수 없다.

독자 가운데에 아마도 우리나라에서 '어린이'란 용어를 처음으로 만들어 내고, 어린이날을 제정하여 어린이운동에 앞장을 섰던 소파 방정환 선생이 천도교의 3대 교주인 의암 손병희 선생의 사위이자, 독실한 천도교인이었다는 것을 아는 분은 많지 않을 것이다.

소파 선생은 당시 소춘(小春) 김기전(金起田) 선생과 더불어 우리나라 어린이 운동을 시작했고, 이끌었다. 이 두 분이 어린이운동을 기획할 때 근간이 된 구절이 바로 위의 말씀이다. 그 뒤, 소춘 선생은 한국전 때 북으로 간 뒤 소식은 모르나, 소파가 행동가였다면 소춘은 이론가로서 매우 콤비가 잘 맞는 짝이었다.

요즈음은 어린이 보호 하면, 보통 교회의 주일학교나 유니세프 (UNICEF) 등 서양에서 들어온 것들만 생각하게 되는데, 이렇게 전 세계 사적으로 볼 때에 훌륭한 일을 선구적으로–천도교가 행한 어린이 보호운동은 세계 초유의 일이다–추진한 것은 천도교단이었다.

어린이처럼

"사람을 대할 때에 언제나 어린아이같이 하십시오. 항상 꽃이 피는 듯한 얼굴을 가지면 사람들을 융화하고, 덕을 이룰 수 있게 될 것입니다."(해월)

위의 글은 해월의 가르침이지만, 어린아이의 비유는 많은 종교의 교주들이 즐겨 사용하는 것이다. 예수께서도 천국은 어린이와 같이 되지 않으면 들어갈 수 없다고 했고, 노자도 『도덕경』에서 "무심(無心)인 아이는 하루종일 울어도 목이 쉬지 않는다."라고 말하며 어린이와 도를 비교하는 등, 어린이(孩子, 赤子)와 관계되는 많은 예화를 남기고 있다.

소태산도 "어린아이들은 사심이 없어 어머니의 젖과 같은 최고의 음식이 (하늘에서) 무상으로 제공된다."고 하면서, 어린아이의 순진무구성을 칭송하였다.

그런데 여기서 지적해야 할 것은, 이 성인들 가운데 어느 누구도 우리들에게 어린아이가 직접 되라고 하지는 않았다는 점이다. 그 대신 어린이처럼만 되라고 했는데, 이것은 어린이들이 갖고 있는 성능(性能) 가운데 천진함, 솔직성 등만을 받아들이라는 것을 말한다.

어린이에게 부족한 것은 분별력, 판단력, 지혜, 경험 등이다. 이것은 우리가 삶을 사는 동안 키워 나가는 것으로, 이러한 능력들이 완전하게 갖추어진 인간상은 보통 '노인'에게서 찾을 수 있다.

따라서 이상적 인격의 표상은 바로 어린이의 천진함과 노인의 수준 높은 지혜가 한 사람의 성격 속에서 적절하게 혼합될 경우에 발견할 수 있다. 토인비는 노인의 천진성을 수준 높은 천진성이라고 불렀다. 그런데 우리는 이와 정반대의 길을 간다. 천진함은 세속의 약삭빠름에 물들면서 쓸모없는 것으로 팽개쳐 버리고, 노인의 지혜를 추구하기는커녕 자신의 실리만을 찾는 천박한 머리 굴리기만을 하고 있다.

진인은 무섭도록 평범한 사람들

"나는 젊었을 때에 스스로 생각하기를 옛날 성현들은 뜻에 특
별히 남다른 구석이 있으리라고 생각하였는데, 한 번 수운 선생
을 뵈옵고 마음공부를 한 뒤부터는, 성인이란 별다른 사람이 아
니라 다만 마음이 바르고 바르지 못하는 데에 달려 있다는 것을
알게 되었습니다."(해월)

이 글은 해월의 법설 중 하나인데, 평범한 듯하면서도 많은 것을 생
각나게 하는 구절이다. 우리는 성인이나 도인들이란 보통 사람과는
무엇인가 다른 점이 있다고 간주하기 쉽다. 해월은 이러한 생각의 허
구성을 지적한 것이다.

아마도 성인들은 우리와 조금도 다름이 없는, 누구보다도 평범한
모습일 것이다. 그분들은 마음 안에 보통 사람들이 흉내낼 수 없는 충
일함을 갖추고 있기 때문에, 겉모습에서 달리 표현할 필요가 없다. 있
는 그대로의 모습 자체가 진리를 나타내기 때문이다.

요즘은 주위에서 개성을 강조한다는 미명 아래 이상한 옷차림이나
특이한 몸가짐새를 하는 사람을 많이 발견할 수 있다. 대부분의 경우
에 이런 사람들은 자신의 속이 비어 있어 그 내면적인 허전함이나 부
족함을 극복하기 위해 겉모습을 꾸미는 것에 불과하다. 남들의 시선

을 어떻게 해서든지 끌어 보려고 하는 천박한 의지와 열등감을 스스로 드러내 보이는 꼴을 하고 있는 것이다.

이런 사람들이 즐겨하는 차림새는 머리를 장발로 한다든가, 혹은 아예 빡빡 깎아 버린다든가, 또 흰색의 옷만을 입는 등, 어떻게 하면 남들의 눈에 띌 수 있을까 하는 것에 대해 오랫동안 연구한 것 같은 인상을 강렬하게 받는다.

노자가 "가랑이를 벌리고 걷는 자는 오래 걸을 수 없다(跨者不行, 『도덕경』 24장)"고 한 것처럼, 위와 같은 부자연적인 모습은 계속 유지하기가 힘들다. 그리고 이런 이들의 밑천은 곧 바닥이 나버려, 자기와 남을 속일 또 다른 사기를 준비하게 되니, 가히 가까이 하기에 적합하지 않은 사람들이라 하겠다.

진인은 무섭게 평범한 사람들이다. 그래서 우리는 진인을 쉽게 발견할 수가 없다. 아니 우리의 눈에는 진인의 모습이 보이지 않는다.

하늘이 하늘을 먹는다

"하늘(한울님)은 만물을 만드는 동시에 그 안에 있습니다. 그런데 만물 가운데 가장 영적인 존재가 사람이니, 사람이야말로 만물의 주인이 되는 셈입니다.

그런데 사람은 태어나는 것만으로 사람이 되는 것이 아니라, 오곡백과를 먹어야 살 수 있게 되지 않습니까? 오곡은 바로 천지의 결실이기 때문에, 사람은 이러한 천지의 결실을 먹어야 진정으로 사람다워지는 것입니다.

나는 사람이 스스로의 생명 유지를 위해 오곡을 먹는 것을 하늘인 사람이 천지의 결실인 오곡을 먹는다는 의미에서 '하늘이 하늘을 먹는다(以天食天)'고 말합니다."(해월)

하늘과 인간의 관계에 대한 해월의 말씀이다.

이천식천(以天食天)은 해월의 독특한 표현이다. 모든 것이 한울님이기 때문에 서로가 서로를 섭취함으로써, 전 우주의 생명이 유지되는 경지를 말하는 것이다. 동식물이 서로 잡아먹는 것은 작게 보면 한쪽만 계속 희생되는 것 같지만, 크게 보면 자연의 현상 유지를 위한 상보적인 연속 과정의 한 고리일 뿐이다.

그런데 문제는 항상 인간이다. 인간은 바로 이러한 자연스러운 순환을 무시로 끊어 버린다. 왜냐하면 인간은 쓸데없는 물건을 많이 만들어 내고, 그 결과로 자연히 쓸데없는 소비가 늘어나 결국 자연의 순환, 즉 기(氣)의 순환을 막는 경화 현상을 일으키기 때문이다.

또 천지의 결실을 먹어야 제대로 된 사람이 된다는 해월의 표현도 이채롭다. 그런데 이때 말하는 천지의 결실은 자연적인 생산물을 의미할 뿐만 아니라 제때에 나온 곡식이나 과일을 말하는 것이다. 우리는 자연식 그대로 먹는 게 너무 드물다. 우리가 먹는 인공식 혹은 농약이나 공해에 찌든 음식으로는 자연의 신령스러운 기운을 섭취할 수 없다. 또 비닐하우스 같은 인공 작법을 통해 나온 것들을 때를 가리지 않고 아무거나 먹는 것 역시 바람직하지 못하다. 가령 수박은 수분이 많이 필요한 여름에나 먹는 것이지 그렇지 않은 겨울에는 거의 필요 없는 식품이다. 그런데도 돈이 조금 있는 사람들은 제때가 아닌 과일을 비싼 돈 주고 사먹으면서 자기 능력을 뽐내려 한다. 이래저래 우리는 자연과 너무 떨어져 있다. 자연과 조화를 이루어 사는 것만이 인간의 살길인데 말이다.

부부 사이와 도

"도를 통하고 통하지 못하는 것은, 모두 다 부부 사이가 화순한 가 그렇지 않은가에 달려 있습니다. 부부 사이가 화순하면 천지가 편안하고, 부모님도 기뻐합니다. 하지만 부부 사이가 불화하면 한울님도 크게 싫어하고, 부모님도 노하게 되는데, 부모님의 진노는 바로 천지의 노입니다."(해월)

가장 평범한 가정생활 속에서 도를 찾아야 한다는 해월의 말씀이다. 해월은 이 글에서, 도를 닦을 때는 으레 가정을 떠나거나 버렸던 선천시대의 수련 모습을 간접적으로 비판하고 있다. 무엇보다도 가장 평범한 가정생활 속에서 도를 찾아야 한다는 것이다. 내가 보기에는 출가하여 불교 승려가 되거나 신부, 수녀가 되어 평생을 독신으로 지내는 사람 가운데 많은 사람이 다시 생각해보아야 할 길을 가고 있다는 느낌을 받을 때가 많다. 그저 평범하게 가정을 이루고 살아야 될 사람이 결혼을 마다하고 억지로 혼자 사는 모습이 안쓰러울 때가 많다는 것이다. 그러나 정말로 인생의 궁극적인 문제나 신에게 사로잡힌 사람은 독신생활이 제격이다. 그런 사람들은 즐겁게 독신생활을 한다. 그렇지 않은 보통의 우리는 그저 평범하게 큰 허물없이 살면 성공적으로 인생을 살 수 있다.

또 다른 곳에서 해월은, 동학에 뜻을 품은 사람(男子)은 만일 부인이 자신에게 거역을 하면 어떻게 해서든 그 마음을 돌려 온순하게 만들어야지, 그렇지 않으면 도를 닦을 필요도 없고, 닦여지지도 않는다고 언급하고 있다.

거역하는 부인과 화합하는 구체적인 방법으로는, 말로 자꾸 달래라는 것이 가장 먼저 거론된다. 그래도 안 들으면 그 마음이 누그러질 때까지 계속 절을 하라는 실질적인 방법까지 제시하고 있다.

강증산도 이와 비슷한 요지의 말을 했다. 이는 이 선각자들이 앞으로의 시대에는 남녀평등이 이루어져, 남편과 아내가 (어떤 길을 가든) 항상 같이 해야 한다는 것을 미리 내다보고 말한 것으로 이해된다.

남녀의 화합

"남자는 하늘이요, 여자는 땅인 까닭에 남녀가 화합치 못하면 천지가 막히고, 남녀가 화합하면 천지가 크게 화합니다. 부부가 곧 천지라는 말은 이것을 말한 것입니다."(해월)

천지(天地)를 비유해서 부부 사이의 중요함을 설명한 말씀이다. 아마도 공자님의 말씀인 수신제가치국평천하(修身齊家治國平天下)를 염두에 두고, '제가(齊家)'의 덕목을 강조하는 것은 아닌지 모르겠다. 이같이 남녀의 화합을 천지의 화합으로 보는 것은 동양 종교뿐일 것이다. 동학은 유교가 세속화된, 혹은 개혁된 형태라 하지만 남녀의 관계에 대해서는 유교와 다르다는 것을 알 수 있다. 전통 유교에서 남녀관계란 단지 후사(아들)를 낳아 가계를 계승하는 것 이외에는 별다른 의미가 없었다. 따라서 남녀 간의 애정과 같은 사사로운 정이 들어갈 자리가 없다. 반면에 동학에서는 남녀의 화합을 강조하면서 남녀의 애정이라는 사사로운 감정을 이해한다는 점이 또한 유교와 다른 점이다.

부자와 종교가

증산은 부자를 가까이하는 것을 몹시 꺼려했다. 제자들이 혹 부
자를 만나 보라고 권하면, 말을 고의로 횡설수설해 부자가 실
망하여 스스로 물러나게 했다.
한 번은 제자가 증산에게 그 까닭을 물었다. 증산이 대답했다.
"부자들에게는 갖고 있는 재산만큼 살기가 붙어 있기 때문에,
내가 그들을 제자로 받아들여 일을 같이 하려면 그 살기를 모
두 없애 버려야 하네. 그런데 나는 개벽공사 하느라 바빠 그렇
게 할 시간이 없네. 그러나 부자 가운데에도 보는 눈이 열려 나
를 따르려 하는 자가 생긴다면, 나는 그를 마다하지는 않을 것
이야."(증산)

농민처럼 소외 받는 계층을 상등민으로 생각한 증산이, 민중 종교
가답게 부자를 멀리 했던 것은 다른 민중 종교가들과 일치하는 점이
다. 우리나라의 근세 성인 가운데 증산은 민중들과 가장 가까운 성인
으로 유명하다. 그는 개고기를 즐겨 먹었다고 하는데 그 이유는 농민
들이 개고기를 즐겨 먹었기 때문이라고 한다. 지금은 보신탕을 두고
왈가왈부 하면서 논란이 많지만 이전에 먹고 사는 게 변변치 못할 때
일반 농민들이 단백질을 손쉽게 섭취할 수 있는 유일한 기회는 개를

잡아먹는 것이었다. 그런데 지금 서양인들의 시각으로 우리의 개고기 먹는 습관을 나무라는 것은 전형적인 문화제국주의의 시각이다.

누구보다 부자를 극단적으로 싫어했던 성인은 예수일 텐데, 이것은 민중들과 가까이하는 성인들의 자연스러운 경향인 모양이다. 그런데 예수께서는 다만 부자가 하늘나라 가는 것은 낙타(혹은 밧줄)가 바늘구멍으로 나가는 것처럼 힘들다고 한 반면, 증산은 부자의 재산에는 살기가 있어서 그렇다고 구체적으로 밝히고 있어 재미있다.

이때 살기란 재산을 증식하는 과정에서 어쩔 수 없이 생겨나는–유통 통로의 독점이나 임금 착취 등으로 생겨나는–여러 나쁜 기운을 말한다. 이것은 한 사람의 부자가 탄생하기 위해서는 본의든 본의가 아니든 주위 여러 사람들의 희생이 뒤따르기 때문일 것이다.

접대는 성심으로

"누구를 대하든지 진심으로 하여 온 마음으로 반겨주고 잘 대해 주게. 그러면 그 사람은 알아차리지 못 하더라도, 그 사람을 지켜주는 신명은 알게 되어 자네들에게 적절한 보상을 해 줄 것이야."(증산)

사람을 진심으로 정성껏 대하라는 증산의 말씀이다. 증산은 여기에서도 신명의 존재를 빌려 대인관계에 있어서 모든 성심을 다하라고 가르치고 있다.

큰 스승들은 우리가 이웃에게 무조건 잘해야 하는 것이 우주의 진리 법칙이라는 것을 알고 있다. 하지만 무턱대고 잘하라고 하면 평범한 중생들이 쉽게 따르지 않을 것이므로, 이 스승들은 선행에는 꼭 보답이 있을 것이라고 약속하면서 우리를 회유하는 것이다.

기독교에서는 선행은 하늘나라에 보화를 쌓는 것이라고 비유적으로 설명하는 반면, 증산의 경우는 직접적으로 상대방의 신명이 바로 적절한 보상을 해 준다고 말함으로써, 민중 종교가답게 '현재성'을 강조하고 있다.

크리슈나무르티의 아름다운 이야기가 있다. 그에 의하면 마음이 소박하고 열려 있는 사람은 모든 것에 열리게 되고 섬세해진다. 무거운 짐을 지고 길을 가는 노인에게 연민의 정을 느끼는가 하면, 그냥 지나가는 개와도 교감을 느끼며, 길 위에 무심하게 피어 있는 꽃이라도 그냥 지나치지 않고 세심하게 바라 볼 수 있는 게 무섭도록 평범한 진인—진정한 사람—의 태도라 하였다.

그런데 이 시대의 소위 저명한 종교인 가운데 나는 이런 사람을 거의 보지 못했다. 그들 대부분은 이런 의미에서 철저한 속물에 불과하다. 그런데도 그런 사람들 주위에는 오히려 사람이 꼬인다. 그리고 세력을 형성해서 좀 더 많은 사람들을 그릇 인도하고 있다.

대인과 소인

"대인은 천지 제 살림을 살림과 합산하기 때문에 넓고 크고 넉넉하고 활발스럽지만, 소인들은 천지 살림에서 제 살림을 갈라내었기 때문에 좁고 작고 여유가 없으며 부자유스럽소."(소태산)

소태산이 말하는 대인의 경지에 들어가기 위해서는 무아(無我) 의식을 가져야 한다. 다시 말해 나와 남을 가르지 않아야 한다. 공자께서도 "군자는 항상 두루 통해 있어 치우치지 않으며, 소인은 치우쳐 있어 두루 통하지 못한다(君子周而不比, 小人比而不周, 『논어』2:14)."라고 했다.

대인은 천하의 물건을 모두 자기 것으로 생각하여 모든 것을 아끼고 넉넉하게 쓰는 반면, 소인은 자기 수중에 들어와 있는 것만을 자기 것으로 안다. 게다가 대인은 모든 것을 자기 것이라고 생각하기 때문에 더 가지려고도 하지 않고, 또 자기 수중에 들어온 것도 같이 나누어 쓰려고 한다. 하지만 소인은 아무리 가져도 부족한 것 같아 끊임없이 더 소유하려 하고, 지금 갖고 있는 것만이라도 지키기 위해 노심초사하는 불행한 현실에 처하게 된다.

불교에서는 인간의 욕심이 얼마나 큰가를 이렇게 이야기한다. 우주가 모두 금은보화로 이루어져 있어도 인간들은 결코 만족하지 못할 것이라고. 이것은 마치 목마른 사람이 짠 물을 들이켜는 것과 같다. 마시는 당시에는 시원할는지 몰라도 곧 더 많은 물을 필요로 한다. 우리는 이런 사실을 알면서도 욕심을 끝없이 낸다. 마치 나방이 불을 보고 자신의 몸이 타는 것을 알면서도 뛰어들 듯이 말이다.

불교 등과 같은 동양 종교에 의하면, 원래 나와 남 사이에는 구별이 없는데 우리가 스스로 나와 남을 구별해서 자기중심적인 사고를 행한다고 한다. 그리고 모든 악은 이 자기중심적 사고에서 생겨난다고 한다. 동양 종교의 모든 이론이나 수행은 그런 이유로 우리의 원래 상태를 회복하는 것을 목표로 한다.

장자도 진인은 천하와 하나가 되었을 때, 가장 큰 기쁨을 느낀다고 했다. 이때 천하와 하나가 된다는 것은 다름 아니라 개아성(個我性)의 소멸을 의미한다.

하기 어려운 일

"이 세상을 살아가는 데에는 어려운 일이 세 가지가 있네. 우선 첫 번째로는 자기를 미워하는 사람을 미움으로 갚지 않고 끝까지 그 사람의 앞길을 좋게 인도하여 주기가 어렵고, 두 번째로는 인도하여 주지는 못하더라도 그 죄 짓는 것을 보고 불쌍히 여기기가 어렵고, 세 번째로는 불쌍히 여기지는 못하더라도 그 마음에 미움을 두지 않고 무관심하기가 어렵네."(소태산)

세상사는 데 하기 어려운 일을 소태산은 위와 같이 말했다. 위의 법문의 특징은 소태산의 가르침이 항상 그러하듯 구체적이고 자상한 데에 있다.

고등 종교에서는 원수를 사랑하라는 식의 너무나도 높은 가르침으로 일관하고 있어, 우리가 그것을 도저히 따라갈 수 없는 경우가 많다. 원수를 사랑하라는 가르침은 물론 진리이지만, 우리가 그런 경지로 단번에 뛰어오르기는 힘들다. 그런데 소태산은 자상하게도 그 지극한 경지까지 올라갈 수 있는 단계들을 밝혀주고 있는 것이다. 즉 큰 사랑으로 원수를 감싸 주는 것이 안 되면, 마음으로라도 불쌍하게 여기려고 노력하고, 그것도 안 되면 가장 소극적인 방법으로 마음에 두지 말고 무관심해 버리라고 권하고 있다. 마지막 단계로 적어도 무관심하라고 권하는 것은 그래야 최소한 다시금 업보 짓는 것을 피하고, 그 좋지 않은 인연을 거기에서 종식시킬 수 있기 때문이다.

그런데 너무도 평범한 우리는 이 세 번째 단계에 미치는 것조차 힘들다. 우리는 나를 미워하는 사람에 대해 무관심하기는커녕, 별 관계없는 사람들에게까지도 온갖 오해와 그릇된 편견을 만들어 미워하려고 스스로 애를 쓴다.

이런 개인적인 악의 투사 현상이 사회적으로 나타난 것 가운데 대표적인 것이, 바로 중세 유럽의 마녀 사냥 논쟁이나 우리나라의 지방색 감정 등이다.

앞에서 이미 언급하였지만, 융에 의하면 우리 마음에는 그림자(shadow)와 같은 어두운 부분이 있는데, 우리는 이것을 항상 남에게 투사해 남을 미워한다. 성숙한 인격을 만들어 나가는 초기 단계는, 이 그림자 성격을 객관화시켜 스스로의 것으로 만들어 소화하는 것이다. 그렇게 되면 남을 미워하는 강도도 약하게 되고, 남이 나를 미워할 때도 훨씬 성숙하게 대처할 수 있게 된다.

현인과 보통 사람의 차이

"보통 사람(중생)들은 열 번 잘해 준 은인이라도 한 번만 섭섭하게 대하면 모든 것을 원망으로 돌려 버리지만, 현인들은 그에게 열 번 잘못한 사람이라도 한 번만 잘하면 감사하게 여긴다네. 그렇기 때문에 보통사람들은 은혜 속에서도 해로움만 발견하여 생활이 항상 혼란되고 갈피를 잡지 못하지만, 현인들은 어떠한 나쁜 사건에서라도 은혜를 발견하기 때문에 항상 평안하고 기쁜 생활을 할 수 있다네."(소태산)

현인과 보통 사람의 차이에 대한 소태산의 법설이다. 이 법설은 어리석은 중생들과 지혜로운 현자의 차이를 극명하게 설명하고 있다.

증산도 모든 원한을 풀고 보은 생활을 하라고 했지만, 소태산의 전체 법설 가운데 가장 중요한 부분 중의 하나가 이 은(恩)사상이다. 그래서 원불교단의 주요 표어 중의 하나가 바로 "원망 생활을 감사 생활로 돌리자."로 되어 있다.

우리는 크게 볼 때 큰 은혜 속에 살고 있으면서도 우리에 대한 이웃 사람들의 태도 속에서 조금만 섭섭한 것을 발견하면, 그 이전까지의 모든 은혜는 다 잊어버리고 증오하고 원망하게 된다. 그런데 증오와 원망 속의 삶은 바로 지옥에서의 삶과 다를 바 없는 고통을 가져온다.

이 때문에 소태산은 어떻게 해서든 그 나쁘디 나쁜 현실 속에서도 긍정적인 것을 발견하여, 그 은혜에 감사해야 한다고 가르치고 있다. 이러한 적극적인 사고방식을 갖는 것이 결코 쉬운 것은 아니다. 우리 중생들은 이런 식의 적극적 사고의 전환을 꾀하기보다는, 오히려 증오나 원한 속에 있으면서 자신을 파괴하는-더 나아가서는 자신 속의 타인까지도 파괴하는-것을 즐겨하는 경향이 있다.

중생과 보살

"중생들은 영리하게 자기 일에만 힘쓰고 다른 사람 일에는 관심이 없지만, 결국 자신이 해를 입게 된다. 그러나 보살은 어리석게 남의 일만 해 주는 것 같지만, 모든 것이 결국 자기의 이익이 된다."(소태산)

소태산은 중생과 보살의 차이를 이와 같이 말했다. 우리와 같은 보통 중생들과 다른 사람을 위해 사는 보살의 차이를 말할 때 자주 인용되는 구절이다.

우리의 일상적 (가정)교육은 대부분 위에서 말하는 중생적, 다시 말해 자기중심적 인물이 되게끔 하는 데에 초점이 맞추어져 있다. 우리의 모든 관심은 남을 누르고, 더 높은 위치와 더 많은 돈을 어떻게 하면 얻을 수 있을까, 또 어떻게 하면 남보다 많은 명예를 얻을 수 있을까 하는 등에 있다. 그러나 이런 삶은 결국 자신뿐만 아니라 다른 사람에게까지도 해를 끼치고, 그 인생은 전체적으로 불행하게 된다.

반면 여기서 말하는 보살적 삶은, 그대로 다 따라서 생활할 수는 없지만 항상 자신이 손해 보는 듯이 생활하면, 그때 당시는 분명히 손해가 되는 것처럼 보여도 결국은 더 큰 이득으로 돌아온다는 것이다.

조금 철학적으로 말한다면, 나와 남은 둘이 아니기 때문에(自他不二)

남을 위하는 것이 바로 나를 위하는 것이 되니, 결국 양자가 다 이롭게 된다고 말할 수 있다.

'자타불이'라 했으니, 자신을 먼저 위해도 자연히 그것이 남을 위하는 것이 되지 않겠는가 하는 반대 논리도 가능할지 모른다. 그러나 이것은 논리적으로는 그럴 법한 이야기이지만, 실제로는 그렇게 될 수가 없다. 왜냐하면 자기를 먼저 위하면 모두 자기중심주의에 빠져 끊임없는 이해 쟁탈전이 벌어지기 때문이다.

스승과 제자

"내가 정산과 한방에서 같이 잠을 자기도 하지만, 나도 옷깃을
여밀 때가 있지. 정산은 나보다도 한 수 더 볼 때가 있기 때문이
네. 우리가 봉래정사에 있을 때에, 어떤 두 제자의 기운이 뜨는
것을 보고 나는 그들이 싸울 기운밖에 보지 못했는데, 정산은
그들이 싸우고 보따리 쌀 기운까지 보았어. 내가 멀리 수양 길
을 떠나고 나면 정산을 의지해서 교단을 더욱 발전시키도록 하
게."(소태산)

소태산이 제자들에게 한 말이다. 이 말씀도 성인들의 마음 세계, 즉
우리 범인들의 수준으로는 도저히 알 수 없는 세계를 조금이나마 이
해할 수 있게 하는 일화라 포함시켰다.

소태산이나 정산은 기운이 뜨고 가라앉는 것, 혹은 그 기운의 색깔
로 많은 것을 설명하곤 했다. 현재 익산에 있는 원불교 중앙총부에서
소태산이 제자들에게 좌선을 가르칠 때, 그가 이마에 손을 얹고 등불
아래로 굽어보면 참선을 하고 있던 제자들은 등골이 오싹하는 긴장
감을 느꼈다고 한다.

물론 제자들이 소태산의 강한 기운을 느끼게 되기 때문에도 그렇
겠지만, 소태산의 그런 자세는 제자들의 머리 위에서 나오는 기운의

색깔을 볼 수 있어서, 그 드러나는 색깔에 따라 자신들의 공부 정도가 그대로 탄로 나기 때문이라는 것이다. 자신의 공부 정도가 그대로 드러나게 되니 오싹하지 않을 수 없었던 것이다.

원불교는 이러한 위대한 두 스승 덕에 완전히 정착의 길에 들어섰다. 종교학적으로 볼 때에도 원불교는 초기 정착 과정을 끝낸 셈이고, 이제는 그것을 발판으로 전교(傳敎)하는 데에 총력을 기울여야 할 때이다. 그 성공 여부는 전적으로 지금의 원불교도들에게 달려 있다.

05

수행(修行)은 어떻게 하는 것인가?

해월이 말하는 수심정기법은 정신이 깨어 있는 데에만 그치는 것이 아니라, 일상생활 속에서 효나 겸손과 같은 미덕을 지키면서 이웃과 항상 조화롭게 공존하는 것으로 확장되어 있다. 항상 깨어 있다고 해서 세속의 인간사에는 관심없이 자신의 내부 일에만 관심을 두는 것이 아니라, 인간으로서 기본적인 덕목을 갖추어야 한다고 주의를 준 것이다. 굳이 예를 들자면, 화두에만 빠진 선가의 승려들이 외부 세계에 대해 무관심한 태도를 보이는 데에 대한 경계로 보면 어떨까?

마음만 바르면 모든 것이 천어(天語)

"나는 이전에 수도할 때 나에게만 들리는 천어(天語)를 몇 차례 들은 적이 있는데, 이것은 지금 생각해 보면 지극히 미숙한 경지인 것 같습니다. 왜냐하면 천어니 인어(人語)니 하는 구별은 모두 극단에 치우친 인위적인 것일 뿐으로 마음만 바르게 가지면 모든 소리가 다 천어이기 때문입니다.

물론 하늘로부터 인간의 내면으로 말씀이 내려오는 경우가 있기는 합니다. 그러나 이것은 아직 지극한 경지에 오른 것이 아닙니다. 왜냐하면 자신의 말과 행위가 이 말씀과 완전히 통하게 되면, 더 이상 하늘로부터 말씀 같은 것을 받을 필요가 없기 때문입니다. 말년의 수운 선생이 바로 이와 같았는데, 만일 이 같은 경지라면 천어라고 굳이 다른 곳에서 구할 필요가 없게 됩니다. 마음만 바르면 어떤 것이든 천어라고 할 수 있기 때문입니다."(해월)

수련할 때 생기는 이적의 하나인, 하늘의 말(天語)을 듣는 것에 대해 해월은 이렇게 말했다. 이 글은 평범하지만 깊은 의미를 담고 있다.

무엇보다도 깨달음이나 성령을 받는 등의 종교적인 깊은 경지를 일상생활 밖에서 찾으려고 하는 사람들에 대한 질책으로 생각된다. 특히 단전호흡이나 주문 외기 등의 도가적 수련법을 통해 이상한 영적 현상을 추구하려는 사람들이 깊이 새겨 보아야 할 것이다.

지극한 경지에 오르면 모든 것이 있는 그대로가 도의 모습이고, 하느님의 모습이기 때문에 따로 지묘(至妙)한 것을 찾을 필요가 없다. 그래서 불교의 선가에서는 "도는 평상심(道是平常心)"이라고 했고, 이런 배경에서 지금은 돌아가신 해인사 성철 전 종정의 유명한 법어인 "산은 산이요 물은 물이다."가 나오게 되었던 것이다.

해월이 더 이상 천어를 찾지 않겠다고 말한 것도, 이미 그가 이와 같은 경지, 즉 만물이나 도와 하나 된 경지에 들어갔음을 의미하는 것이다. 우리는 이러한 비교법을 통해 해월 같은 성자들의 경지를 가늠해 볼 수 있다. 해월은 한 번은 고행을 하겠다고 추운 겨울에 얼어붙은 시냇물에 들어가서 정진했다. 그러다 이른바 천어를 듣게 되었는데 그것은 너무나 상식적인 것이었다. 즉 "찬물에 들어가 수도하는 것은 건강을 해치는 것이니 그만 하라."는 것이었다. 참으로 진솔한 천어가 아닐 수 없다. 이렇듯 모든 것은 평범해야 한다.

해월은 끝으로 마음만 바르게 하면 모든 것이 천어라고 했다. 결국 외계(外界)는 우리 마음의 반영이기 때문이다. 마음이 바르게 되어, 즉 원만구족(圓滿具足)하여 천지와 하나 되면 모든 것이 그대로 여여(如如, suchness)한 세계가 된다.

마음공부

"일이 있으면 사리를 가리어 일에 응하고, 일이 없으면 조용히 앉아서 마음공부를 하십시오. 말을 많이 하고, 생각을 많이 하면, 좋은 마음가짐을 갖기가 어려울 것입니다."(해월)

마음공부의 중요성에 대한 해월의 말씀이다. 말은 평범하지만 우리는 전혀 이 말씀대로 살지 못하고 있다. 일이 있을 때에는 사리를 가리는 데에 미숙할 뿐 아니라, 조금만 일이 많아지면 바빠서 죽겠다고 하면서 일이 없어져서 휴식을 좀 가졌으면 원이 없겠다고 한다. 그러나 실제로 일이 없어지면, 몇 시간도 그 권태를 참지 못하고 잠을 자거나, 쓸데없는 잡기에 빠져 버리기 일쑤이다. 해월은 바로 이러한 극단을 경계한다. 특히 일이 없을 때에도 조용히 앉아서 마음공부를 하라는 대목이 눈에 띈다. 현대인은 여가가 생기면, 또는 일부러 여가를 만들어 또 야구 경기를 관람하거나, 골프를 치거나 놀이를 추구한다. 명상 속에서 더 큰 즐거움을 찾는 현대인이 늘고 있지만, 여전히 미미하다. 온갖 '여가생활'을 추구하는 이유를 곰곰이 생각해 보면 그것은 결국 자아의 공허함을 채우려는 활동임을 알 수 있다. 그러나 고요함을 멀리하고 번잡함 속에서 스트레스를 해소하는 일은 결국 갈증을 소금물로 해소하는 것에 불과한 악순환의 연속일 뿐이다.

마음을 지키고, 기운을 바르게

"자네들은 마음을 지키고, 기운을 바르게 하는 수심정기법(守心正氣法)을 알고 있는가? 수심정기 하는 법만 알면 성인되는 데에 하나도 어려울 것이 없을 것이야. 수심정기는 모든 어려운 것 가운데 제일 어려운 것이지. 비록 잠잘 때라도 다른 사람이 들어오고 나가는 것을 알고, 능히 다른 사람이 말하고 웃는 것을 들을 수 있어야 수심정기라고 말할 수 있는 것이지.

수심정기 하는 법은 효도하고, 공손하며, 온화하고, 존경하는 마음을 갖고 처신하는 것이니, 이 마음 보호하기를 갓난아이 보호하는 것 같이 해야 하네. 또 늘 조용하여 성내는 마음이 일어나지 않게 하고, 늘 깨어 있어 혼미한 마음이 일어나지 않게 해야 하지."(해월)

동학의 교리를 가장 간단하게 이야기할 때 수심정기 무위이화(守心正氣 無爲而化)라고 하듯이, 이 수심정기법은 동학교리에서 차지하는 비중이 실로 막대하다.

이 두 가지 구절 가운데, 우선 수심정기는 유가(儒家)의 풍과-성리학에서는 글자 두 개의 위치를 바꾸어 수기정심이라는 말을 쓰기 때문에-관계되는 것 같고, 무위이화는 도가의 풍을 따른 것 같다. 이처럼 동학에서는 유가와 도가의 이상을 절묘하게 혼합하려고 하는 의도가 보인다.

그러나 해월이 말하는 수심정기법은 지극한 경지의 것으로, 유가에서 말하는 것처럼 윤리적인 데에만 머물러 있지 않는다. 가령 잠잘 때라도 모든 것을 다 들을 수 있어야 한다는 말은, 우리 마음이 언제라도 완전한 각성 상태를 유지해야 한다는 것이다. 이것은 명상 수련할 때 일단 도달해야 할, 그렇지만 도달하기가 쉽지 않은 단계를 말한다. 수도자들은 사람의 의식이 이렇게 완전히 깨어 있지 않으면 지고의 진리를 깨달을 수 없다고 말한다.

선(禪)에서는 화두법을 가르칠 때, 삼관(三關)이라는 용어를 사용한다. 이것은 우선 깨어 있을 때 화두를 놓치지 말고, 두 번째로는 꿈을 꾸면서 잠을 잘 때에도 화두를 잊어 버려서는 안 되며, 마지막으로는 꿈이 없는 잠 속에서조차 "나는 누구인가?" 하는 등의 화두를 놓아서는 안 된다는 것으로, 해월이 말하는 수심정기법과도 통한다 하겠다.

이러한 상태가 전일하게 상당 기간–어떤 때는 몇 년씩–지속되어야 어떤 수준이든 깨달음에 이를 수 있다고 선승들은 말한다. 이런 상태 속에 있다가 아주 경미한 사건, 이를테면 돌이 구르는 소리나 스승으로부터의 고함 소리 등과 같은 사건이 일어나면 그 수행자는 문득 깨친다고 한다. 이것은 마치 어미 닭이 3·7(즉 21)일 동안 알을 품고 있다가 병아리가 알을 깨고 나오는 것을 돕기 위해 부리로 '콕콕' 쪼아 주는 것과 같은 과정[啐啄同時]이라 하겠다.

해월이 말하는 수심정기법은 정신이 깨어 있는 데에만 그치는 것이 아니라, 일상생활 속에서 효나 겸손과 같은 미덕을 지키면서 이웃과 항상 조화롭게 공존하는 것으로 확장되어 있다.

항상 깨어 있는다고 해서 세속의 인간사에는 관심 없이 자신의 내부 일에만 관심을 두는 것이 아니라, 인간으로서 기본적인 덕목을 갖추어야 한다고 주의를 준 것이다. 굳이 예를 들자면, 화두에만 빠진 선가의 승려들이 외부 세계에 대해 무관심한 태도를 보이는 데에 대한 경계로 보면 어떨까?

해월의 수행

"나는 신유년 여름에 도를 전수받고 독실하게 공부에 전념했습니다. 그랬더니 얼음물에 목욕해도 따스한 기운이 돌고, 등불을 켜도 기름이 줄어들지 않는 것으로 보아, 우리가 정성들여서 행해야 할 것은 도학(道學)이라고 생각합니다. 곡식을 여러 창고에 저장하는 것도 처음에는 밭 한 이랑으로부터 시작하는 것이고, 많은 재물을 모으는 것도 처음에는 반드시 한두 푼으로부터 되는 것이며, 덕이 모든 것을 윤택하게 하는 것도 처음에는 반드시 한마음으로부터 시작하는 것입니다."(해월)

해월이 자신이 수도하던 때의 체험을 차근차근하게 설명한 글이다. 여기서는 얼음물에 목욕해도 따뜻했다고 말하는 반면 앞에서 이미 보았던 것처럼 다른 곳에서는 "얼음물이 너무 차니 몸을 해친다."는 말이 들려 그 수행을 그만 두었다는 이야기도 함께 전한다. 어쨌든 수행을 극진히 하면 위와 같은 이적이 생기는 모양이다. 그러나 이러한 이적을 좇아 수행하라는 뜻이 아니라는 것을 해월은 두 번째 문단에서 밝히고 있다. 즉 한 걸음씩 찬찬히 해야 하고 '한마음'부터 다져나가야 한다는 것이 그것이다.

정성된 수련

"도에 대한 생각은 한결같아야 합니다. 마치 배고플 때 밥 생각
하듯이, 또 추울 때 옷 생각하듯이, 또 목마를 때 물 생각하듯이
하십시오. 부귀한 자나, 권력 있는 자, 혹은 유식한 자만 도를
닦을 수 있는 것은 아닙니다. 아무리 빈천한 사람이라도 정성만
있으면 도를 닦을 수 있을 것입니다."(해월)

해월은 수련에 임하는 마음가짐에 대해 이렇게 말했다. 동학 수련
을 할 때 위에서 말하는 한결같음(정성)과 더불어 가장 긴요한 사항은
절실함이다. 도에 대한 생각을 배고플 때 밥 생각하듯이 하라는 등의
비유는 그 절실함을 말해준다. 우리가 배고플 때 모든 생각을 다 잊고
밥 생각에만 전일하게 그 관심을 집중하듯이, 도를 닦을 때에도 그 한
생각에만 집중해야 한다는 것이다.

이런 이야기가 전해진다. 어떤 이슬람교 신비주의 수행자가 스승
에게 신을 보여 달라고, 혹은 알게 해달라고 간청을 했다. 그러자 스
승은 제자를 강가로 데리고 간 다음 무작정 그를 강에 빠뜨렸다. 수영
을 못하는 제자는 한참 허우적대다 죽을힘을 다해 간신히 물가로 빠
져 나왔다.

제자는 "아니 선생님, 신을 보게 해 달라고 했는데 왜 수영도 못하

는 저를 물에 빠뜨리시는 것입니까?" 하고 스승을 다그쳤다.

그러자 스승은 제자에게 물었다.

"네가 물에 빠져 있을 때 무슨 생각을 했는지 말해 보거라."

"물에서 나와야겠다는 생각뿐이었습니다."

이 대답에 스승은 조용히 말했다.

"그랬겠지. 신을 알고 싶을 때도 마찬가지야. 물에 빠졌을 때처럼 다른 어떤 생각도 하지 말고, 그렇게 절실하게 또 화급하게 신만 생각해야 한다. 알겠느냐?"

각 종교는 이래서 다 통하는 법이다.

이와 같은 비유는 불교의 선가(禪家)에서도 항상 애용되는 것이다. 선가에서는 도 수련의 한결같음을 강조할 때, 알을 품은 닭의 비유를 많이 사용한다. 화두를 들고 침구(參究: 참선하여 진리를 연구함)하되, 마치 어미닭이 알을 품고 있는 것처럼 은근하고 한결같게 해야 한다는 것이 그것이다. 이렇게 은근함(수동적 태도)과 절실함(능동적 태도)이 묘하게 배합되는 것이 도로 향하는 태도일 것이다. 해월은 또 정성만 있으면 누구나 도를 닦을 수 있다고 하면서, 일부 특권층만 도를 닦을 수 있었던 선천시대의 관습을 전적으로 타파하였다.

집착심

지식도 많고 재산도 많은 한 노부인이 선원에 참선하러 왔다가 일주일 만에 돌아가면서 소태산에게 인사를 올리고 이렇게 말했다.

"제가 집에 없으면 고추장이나 간장, 또 곳간에 있는 장작을 도둑맞아도 아들과 며느리는 모를 것입니다. 그래서 마음 놓고 참선을 할 수가 없으니, 집에 돌아가야 하겠습니다."

그 노부인이 떠난 후, 소태산이 제자들에게 말했다.

"사람의 집착심이란 저렇게 무서운 것이네. 보이지 않는 노끈에 의해 단단히 묶여서 기약 없는 감옥으로 저렇게 끌려가는 것을 보게. 세상의 감옥은 나올 기약이나 있지. 저 감옥은 한번 단단히 잡혀 들어가면, 일생 혹은 수천 생을 지나도 나올 기약이 아득한 곳이네.

죽은 다음에도 자기 집 부근에서 엎치락뒤치락, 혹 기회와 인연을 좋게 만나면 다음 생에 사람 몸을 받을 수도 있겠지마는, 그렇지 못하면 사람 이하로 떨어질 수도 있으니 참으로 두려운 일이야. 따라서 사람의 평생 일 가운데, 이 집착심 떼고 죽는 일이 제일 큰일이라네."(소태산)

이 글은 우리가 보통 자신의 가족이나 친구 등과 같은 소규모 집단에 대해 갖고 있는 집착심이 얼마나 부수기 힘든 것인가를 밝힌 것이다. 보통의 세상 사람 대부분은 이런 작은 집단이 인생의 전부인 양, 그 안에서 사랑하고 미워하고 얽혀서 살다가 간다. 이러한 집단의식은 작은 경우에는 가족의 범위를 넘어서지 못하고, 크다 하더라도 기껏해야 국가 개념을 넘어서지 못한다.

불교에서는 이렇게 집단과 자신을 동일시하고, 맹목적으로 거기에 소속하려 드는 것을 극복하라고 가르친다. 왜냐하면 그 집단에 자신의 개아성이 매몰되어 가장 소중하게 지켜야 할 주체성을 잃어버리기 때문이다.

그런데 사람들은 자신이 자립할 때 감내해야 하는 책임감이 너무나 막중하다는 것을 알기 때문에, 스스로 주권을 포기하고 어떤 단체나 이데올로기에 자신을 의탁하여—마치 파우스트가 악마에게 영혼을 팔아 큰 대가를 받으려 하듯이—대신 심리적인 안정을 얻으려 한다. 참선이나 수행을 통해 홀로 설 수 있는 힘을 길러야 진리에 가까이 갈 수 있다는 것을 깨닫는 것은 정녕 힘든 것이다. 그러기에 원시 불교경전은 이렇게 전한다.

"무소의 뿔처럼 혼자서 가라."

참된 구도자의 길

소태산의 제자 가운데에 수십 년간 참선을 하면서 수행에 몰두한 사람이 있었다. 오랜 수행의 결과로, 이 제자는 손님이 내왕한다거나, 비오고 그칠 것을 미리 아는 신통력을 갖게 되었다. 소태산은 걱정이 되어 그 제자에게 이렇게 말했다.

"그런 능력은 수행하다 보면 나타나는 것인데, 그것은 반딧불같이 보잘 것 없는 허령(虛靈)에 불과하니, 자네는 그런 것에 마음을 두어서는 안 되네. 그렇지 않고 그런 것을 자꾸 마음에 둔다면 큰 진리를 깨칠 수 없을 뿐 아니라, 삿된 도에 떨어져 못된 귀신의 무리가 될 것이니, 이것은 자네 자신이나 우리 모임에 하나도 도움 될 것이 없네."(소태산)

소태산은 이 글에서 정통적인 선객(禪客)의 모습을 보이고 있다. 우리 마음은 수행을 어느 정도 거치면 좀 더 깊은 의식 세계로 들어가게 된다. 즉 개아(個我) 경계를 벗어나 더 보편적인 (우주)의식에 가까이 가게 되는데, 이때 이러한 이적이 생기는 것은 자연스런 현상이라고 한다.

우리는 평소에 자신의 의식이라는 감옥에 갇혀 있다가, 수행의 결과로 감옥의 힘이 다소 약해지면서 다른 사람의 마음도 읽을 수 있고,

얼마간의 미래의 일도 예측할 수 있게 된다. 만물이 내적으로는 연결되어 있다는, 연기적(緣起的)인 생명 사슬에 눈뜨게 되는 것이다.

그러나 이런 것들은 우리가 마지막 보편적 우주 의식에 이르게 될 때, 부수적으로 생겨나는 신통력(전통적으로 불교에서는 이것을 여섯 가지 신통력[六神通]이라 한다)에 비교하면 아무것도 아님을 알 수 있다. 따라서 만일 그 작은 신통에 만족하면 더 이상 깊은 의식 세계로 내려가는 것이 불가능하기 때문에, 소태산은 이것을 경계하라고 충고한 것이다.

불교에서는 이단과 정통을 그렇게 철저하게 나누는 편이 아니지만, 만일 시정의 일부 기(氣) 수련 하는 도사들처럼 이런 이적(異蹟)의 추구를 더 중시하거나 내세우는 경우가 있으면, 그것을 이단이라 부르는 데에는 주저하지 않는다.

06

죽음에 대한 새로운 이해

우리는 보통 죽음에 대해서 마치 다른 사람들만의 문제인 양 무관심한 채 일생을 지내오다, 죽을 시간이 거의 다 되어서야 죽지 않겠다고 버둥거리곤 한다. 그러다 황망히 어디론가 떠나 버리는 것이다. … 죽는 준비란 다름 아닌 마음공부를 말한다. 투철한 마음공부를 통해 지견이 조금이라도 열리면 죽음과 삶의 이치를 알게 되고, 그것에 따라 평소의 삶의 방식이 정제되고(refined) 수양되면(cultivated), 그것이 곧 좋은 죽음을 맞이할 수 있는 충분한 요건이 된다.

물은 모든 제물의 우선

"옛날에는 제사나 기도를 드릴 때 여러 가지 음식을 차려 놓고 지냈지만, 앞으로는 모든 의식에 청수 한 그릇만을 떠 놓고 드릴 날이 오게 될 것입니다. 물은 원래 만물의 근본입니다. 옛말에 하늘과 땅이 갈라지기 이전에 물이 이미 있었다고 하는 것은 바로 이를 두고 한 말입니다." (해월)

해월은 물의 중요성에 대해 이렇게 말했다. 물의 상징성에 대해서는 많은 말을 필요로 하지 않는다. 종교학이나 심층심리학에서는 물을 생명 혹은 무의식의 상징으로 본다. 우선 물을 생명의 근원으로 보는 가장 비근한 예는 기독교(유대교)의 창세기 신화에서 찾아볼 수 있다. 창세기 신화를 살펴보면 태초에 아무것도 없었다고 해 놓고서도 물은 그 자리에 있는 것으로 묘사하고 있다. 바로 이 물에서 생명을 포함한 모든 것을 야훼가 창조한 것이다.

우리나라의 신종교 가운데에는 아예 '찬물교'라 불리는 종파가 있다. 김봉남(金奉南)이라는 사람이 세운 것으로, 여기서는 회개하면서 찬물을 마시면 모든 병이 치유될 수 있다고 가르친다. 이것은 분명히 타당성이 있는 방법이다. 병은 무릇 잘못된 마음에서 기인하는 경우가 많다. 따라서 잘못된 과거를 진정으로 회개하면 병은 나을 수 있는 것이다. 그리고 이때 물을 마시는 행위를 잘못된 옛 과거를 씻어 내는 상징적 행위로 보면 어떨까?

심층심리학에서 물이 무의식을 상징한다고 보는 것은 주로 꿈의 분석을 통해서이다. 특히 바다와 같은 것이 꿈에 나타나면, 이것은 당사자가 무의식과 만나는 것을 의미한다. 또 꿈에 나타난 바다의 상태에 따라 그 사람의 무의식의 상태를 가늠할 수 있다. 가령 큰 파도나 해일이 덮치는 꿈이라면, 이것은 융과 같은 학자에 의하면 그 사람이 무의식에서 오는 요구를 너무 무시하고 있다는 표시라고 한다. 무의식이 꿈에서 바다(물)라는 상징을 통해 반란을 꾀하고 있다는 것이다.

해월은 이와 같이 중요한 물을 가지고 선천시대의 복잡한 제물을 대신 하게끔 했다. 그 상징적 의미에서도 그렇겠지만 부자나 벼슬 높은 이들은 많은 재물을 놓을 수 있는 반면 가난한 이들은 빈약한 제물밖에는 못 차리는 등 제사지내는 데에서조차 생겨났던 불평등을 일소하고, 모든 것의 근원인 물로 통일해 버린 것이다.

다시금 후천개벽시대의 예언자의 모습을 해월에게서 발견하게 된다. 이 때문에 지금도 천도교에서는 그들의 모든 의식에서 깨끗한 정수를 봉헌하는 것을 가장 중요한 순서로 여기고 있다.

제사의 대상은 조상 아닌 우리 자신

"선천시대에는 제사 지낼 때 신위를 벽을 향해 모셨습니다마는, 이제부터는 굳이 그럴 필요가 없이 나를 향해 모셔야 하겠습니다. 한울님은 어디에든, 또 언제든지 있기 때문에 환원하신 수많은 조상의 혼백은 후세의 혼백과 서로 융합되어 있습니다. 그렇게 되면 부모가 바로 여기에 있고, 스승의 혼백이 바로 여기에 있는 것이 되고, 따라서 나의 혼백이 동시에 부모의 혼백도 될 수 있고, 스승의 혼백도 될 수 있지 않겠습니까? 이런 까닭에 부모나 스승을 제사 지낼 때 바로 나를 향하여 제사 지내면 되는 셈입니다. 이러한 향아설위(向我設位)법이야말로 바로 신인합일(神人合一)의 높은 경지를 나타낸 것입니다."(해월)

전 조선조에 걸쳐 유학을 실제로 실천한다는 면에서 가장 기본적인 버팀목 구실을 했던 제사법에 대해, 해월은 가히 혁명적인 방법을 제시했다. 이 방식은 향아설위(向我設位)법이라 불리는데, 이에 따르면 제사의 대상은 죽은 조상이 아니라 바로 우리 자신이다.

이 글은 해월을 일급 종교 사상가로 볼 수 있게 하는 독창성이 엿보이는 극히 중요한 글이다. 한울님이 바로 우리의 마음이라고 하면서, 인간의 내면으로 모든 관심을 돌렸던 해월이 능히 했음직한 설법이다. 모든 것이 한울님이고, 그 한울님을 우리가 모시고 있다면 굳이 조상들을 향해 제사지낼 필요가 없다는 것은 논리적으로 나올 수 있는 아주 자연스러운 결론이다. 조상신들이 바로 나이기 때문이다.

김지하 시인은 이 제사법을 이렇게 설명한다. 선천시대의 향벽설위(向壁設位) 제사법, 즉 벽을 향해 음식을 차려놓고 제사 지내는 법은 신(조상)을 끊임없이, '위에 있다' '미래에 있다' '저쪽에 있다'고 가르치는 반면에, 향아설위 제사법은 '나'를 중심으로 하여 오늘, 여기에 회복하게 하는 것이다. 여기에서 가장 중요한 것은 현재 제사 지내는 나, 내 속에 살아 있는 신, 혹은 우주적 생명이다. 이것의 전체적 실현을 통해 행복이나 낙원을 '지금 이곳에서' 이룩하고자 하는 것이다. 이것은 대단히 탁월한 해석이라 아니 할 수 없다. 역시 한 시대를 풍한 예언가 기질을 충분히 느낄 수 있는 탁월한 해석의 면모를 지닌다. 이 해석을 따른다면 해월은 역시 민중 종교가답게 '지금 여기'를 강조하고 있다.

전통 장례와 제사

증산은 제사 지낼 때 음식 놓는 법에 대해서 말하기를,
"이것은 선천의 묵은 하늘이 잘못 정한 법이오. 제사 음식은 무
엇보다도 깨끗하고 맛있으면 됐지, 놓이는 위치가 중요한 것이
아니오."라고 했다.
또 상복제도에 대해서 말하기를, "도대체 상복은 죽은 거지귀신
이 만들어 낸 것이오."라고 했다.(증산)

전래의 제사와 장례에 대해 증산은 종종 비판을 가했다. 천도교나
원불교에서는 제사 음식을 없애 버리고 물로 통일한 데에 비해, 증산
은 제사 음식 자체를 없애 버리자고 하지는 않았다. 다만 그 내용이
정성스럽고 깨끗하면 된다는 것이다. 사실 우리는 주위에서 집안 제
사나 시제를 지낼 때마다 제수들을 놓는 자리와 순서를 놓고 다투는
모습을 너무 자주 보아왔다. 경건한 제사를 지내는 자리에서 그다지
중요치 않은 문제를 가지고 실랑이를 벌이는 모습은 누가 보아도 추
하다. 증산도 이게 못마땅했던 모양이다.
  아울러 증산의 눈에는 전통적인 유교식의 장례법이 대단히 부정적
으로 보였다. 양친이 돌아가셨을 때, 전통적으로 그 자식은 부모님을
죽인 죄인으로 간주되었다. 따라서 머리를 풀어 헤쳐야 했고, 옷도 죄

인처럼 굵은 삼베로 만든 것만 입어야 했다. 새끼줄을 머리에 동여매야 하며, 옷의 단도 바느질하지 않고 그대로 터놓아야 했다. 증산은 이런 모습을 비판한 것이다.

사람은 죽으면 어떻게 될까

한 제자가 소태산에게 사후의 생에 대해서 물었다.

"우리는 죽어서 어떤 상태로 됩니까?"

이에 소태산은 다음과 같이 말했다.

"영혼은 숨이 완전히 끊어진 뒤에 몸을 떠나는 것이 보통이지만, 조금 먼저 떠나는 경우도 있지. 이렇게 몸을 떠난 영혼은 보통 일정 기간 중간몸(中陰身)의 형태로 영계(중음계)를 떠돌아다니다 다시 수태되기도 하지만, 바로 다음 생을 받는 경우도 있네. 그런가 하면 몇 해 동안 떠돌아다니다 다음 몸을 받게 되는 경우도 있지. 그런데 보통의 경우에 영혼은 영계를 떠돌아다닐 때, 잠잘 때 꿈꾸듯 자기가 죽었다는 사실을 제대로 알지 못하고 육신이 아직도 있는 줄만 알고 여기저기를 떠돌아다닌다네. 그러다가 수태가 되면 그 이전의 의식은 사라지고 새로 받은 육신을 자기 것으로 생각하면서 거기에 맞는 새로운 의식을 갖게 되지."(소태산)

위의 글은 전통 불교(혹은 힌두교)의 생사관을 가장 쉽게 풀어 쓴 글이 아닐까 한다.

붓다도 이렇게 수많은 생을 자신의 의지와 관계없이 업력에 이끌려 윤회하는 것이 중생이라 했다. 그런데 이 사바세계는 불교에서 생사고해(生死苦海)라고 부르듯이 결코 좋은 곳이 아니다. 우리 중생들은 이 고통에 가득 찬 세계를 좋아하지 않으면서도, 자신의 애욕에 잡혀 어쩔 수 없이 이 삶으로 끌려 들어와 태어나고 또 그 삶속에서 자기도 모르게 온갖 어리석음을 저지르고, 또 그 업을 해결하기 위해서 다시 태어나고, 이렇게 끊임없이 생과 사를 반복한다고 보는 것이 인도식의 생사관이다.

이것을 가능케 하는 근본적인 악 혹은 원인은 바로 무명(無明)이다. 깨달음은 이러한 모든 내적인 어둠에서 벗어나 완전한 자유인이 되는 것을 말한다. 그런데 깨달음을 얻지 못한 중생들은 잠을 잘 때 언제 잠이 드는지 모르게 깜빡 잠이 들어 온 밤을 꿈속에서-잠자고 있는지도 모르면서-정신없이 헤맨다. 그러다 아침에 깨어나면 언제 잠을 잤는가 싶게 새롭게 출발하는 것과 같이, 죽음과 새 삶을 그렇게 맞이한다고 한다. 살고 죽는 것도 마찬가지이다. 죽을 때는 깜빡 죽어 자신이 죽었는지도 모르고 중음계를 헤매다, 다시 수태가 되면 언제 전생이 있었던가 하면서 그 이전 삶에 대해서 다 잊어버리고, 이렇게 수백만 생을 거듭하는 것이 인도사상이 말하는 중생의 모습이다.

윤회에 대해서는 1989년 갤럽 조사 결과에 의하면 우리나라 사람 가운데 약 20%가 믿는 것으로 나타났다. 한편 불교 신자와 가톨릭 신자는 약 30% 정도가 윤회설을 믿고 있는 것으로 집계되었다. 그런데 인도의 성자들은 한결같이 생은 윤회하는 것으로 보았다. 최근의 성자 가운데에서도 라마크리슈나, 라마나 마하리쉬, 비베카난다 등이 모두 윤회에 대해 말하였고, 대중적 종교가인 라즈니쉬 등도 윤회를 당연한 것으로 말하였다.

서양학자의 저서 가운데에는 버지니아대학의 이안 스티븐슨 교수의 『환생을 암시하는 20가지 사례 Twenty Cases Suggestive of Reincarnation』가 이 주제에 관해 가장 유명하고, 프란시스 스토리의 『환생 Rebirth』도 참고해 볼 만하다. 내가 이 주제와 관련되어 살펴본 책 가운데에는 조지 미크의 『사람이 죽은 뒤에는 어떻게 될까? After we die, What then?』과 조엘 휘튼과 조우 피셔의 『죽으면 무슨 일이 일어날까 Life Between Life』가 가장 잘 된 저서로 생각된다(이 책들은 모두 번역이 되어 있다). 이 가운데 조지 미크는, 윤회한다는 사실은 인간의 평범한 의식으로는 도저히 알 수 없지만 수양을 통해 의식이 일정한 상태로 고양되면—의식의 심층부로 더 가까이 가면—자연스럽게 알 수 있다고 말한다. 그래서 그는 공연히 힘주어 윤회한다는 사실을 강변할 필요조차 못 느낀다고 한다.

사실 나는 위에서 말한 책은 물론 다스칼로스나 스베덴보리, 마이클 뉴턴 같은 세계적인 대가들의 저서들을 참조해 사후세계에 대한 종합적인 책을 냈다. 『죽음의 미래』(소나무, 2011)가 그것이고 이것을 축약한 책이 『사후생 이야기』(모시는사람들, 2013)이다.

삶은 죽음의 근본

"보통 사람들은 이 현재의 삶을 어떻게 사느냐에만 관심이 있을 테지만, 지혜가 조금이라도 갖추어지면 죽는 일도 크게 중요한 일이라는 것을 알 수 있네. 이것은 이번 생에 잘 죽어야 다음 생에 잘 태어나서 잘 살 수 있다는 것과 같은 이치로, 잘 태어나서 잘 사는 사람이라야 잘 죽을 수 있다는 사실을 알고 있기 때문이지.

다시 말하면 삶은 죽음의 근본이요, 죽음 역시 삶의 근본이라는 이치를 잘 알고 있다는 말이 되네. 이 죽음과 삶의 문제를 해결하는 데에는 빠르고 늦음이 따로 없는 것이지만, 나이가 사십 이상이 되면 천천히 죽음을 준비하기 시작해서 나중에 죽음에 임박했을 때 허둥지둥하지 말게."(소태산)

소태산은 제자들에게 죽음에 관한 많은 구체적인 이야기를 남겼는데, 이 글은 그중의 하나이다. 이 글은 삶과 죽음이라는 인간의 가장 근본적인 문제를 다루고 있어 다시 한 번 음미하게 만든다. 즉 죽음과 삶은 서로가 맞물려서 근본을 이루는 사안이기 때문에 한 가지만 따로 떼어 놓고 생각할 수 없다는 것이 그것이다.

그런데 우리는 보통 죽음에 대해서 마치 다른 사람들만의 문제인 양 무관심한 채 일생을 지내오다, 죽을 시간이 거의 다 되어서야 죽지 않겠다고 버둥거리곤 한다. 그러다 황망히 어디론가 떠나 버리는 것이다. 이 글은 바로 그런 우리에게 주는 경책(警責)이 된다.

소태산은 여기에서 구체적으로 나이가 마흔이 넘으면 그때부터는 죽음을 준비해야 한다고 충고한다.

죽는 준비란 다름 아닌 마음공부를 말한다. 투철한 마음공부를 통해 지견이 조금이라도 열리면 죽음과 삶의 이치를 알게 되고, 그것에 따라 평소의 삶의 방식이 정제되고(refined) 수양되면(cultivated), 그것이 곧 좋은 죽음을 맞이할 수 있는 충분한 요건이 된다.

임종자 돌보는 법

임종 환자를 돌보는 법인 호스피스에 관해 소태산은 제자들에게 이렇게 말했다.

"급한 병이나 사고로 예기치 않게 죽는다거나, 혹은 그 사람의 성향이 워낙 세속적이라서 아무리 이야기를 해도 안 들을 때는 별 수 없지만, 그렇지 않은 사람에게는 내가 지금부터 이야기하는 것이 임종하는 사람의 마지막 가는 영혼을 구제하는 데에 많은 도움이 될 것이네.

마지막 가는 영혼을 간호하는 사람이 해야 할 일을 열거해 볼 테니 들어 보게. 우선, 방 안에 향 같은 것을 살라서 실내를 깨끗이 해야 하네. 실내가 깨끗하지 못하면 당사자의 정신까지도 깨끗하게 되지 못하네.

둘째, 그 실내를 깨끗하게 해야 할 뿐만 아니라 조용하게도 해야 하네. 실내가 조용하지 못하면 그 당사자의 정신이 흐트러지기 쉽네.

셋째, 당사자 앞에서는 착한 사람에 대해서만 말하고, 그가 이전에 한 일 가운데 좋은 선행이 있으면 그것을 북돋아 주면서 마음을 위안해 주어야 할 것이네.

넷째, 본인 앞에서 나쁜 소리나 간사한 말, 혹은 음탕한 말들을 하지 말게. 왜냐하면 이런 이야기들은 그 사람의 마음에 남게 되어 다음 생에 다시 태어났을 때, 습관으로 남을 수 있기 때문이네.

다섯째, 본인 앞에서 재산이나 가족 등에 대해 걱정한다거나 그것에 연연해하는 태도를 보여서는 안 되네. 왜냐하면 그렇게 하면 본인이 애착을 갖게 되어 영혼이 그곳을 떠나는 데에 지장을 줄 수도 있기 때문이네.

여섯째, 본인을 위해 기도나 염불을 해 주고, 경전도 읽어 주며, 좋은 가르침을 들려주는 것이 좋네. 그러나 만일 본인이 싫어하면 조용하게 앉아 있는 것도 좋지. 그러면 그가 거기에 의지해서 정신의 안정을 쉽게 가져올 수 있을 것이야.

일곱째, 당사자가 임종에 임박하면서 호흡을 모으게 되면 절대로 목놓아 운다거나 그 사람의 몸을 흔들고 소리쳐 부르는 등으로 시끄럽게 해서는 안 되네. 그런 행동들은 떠나가는 사람의 정신을 어지럽게만 할 뿐 아무런 이익도 없다네. 그러나 정 슬픔이 복받쳐 울음을 참지 못하겠거든 몇 시간 지나서 그 영혼이 완전히 떠난 다음에 울도록 해야 하네."(소태산)

이 글은 바로 다음 장에 나오는 임종 준비법과 더불어 소태산의 죽음 교육법의 대종을 이루는 것으로, 아마 세계의 성자들 가운데 죽음 준비법을 이렇게 상세하고 자상하게 가르친 분은 없을 것이다.

윗글의 내용은 대단히 상식적인 것 같지만, 주위 친지의 죽음을 직접 당하면 그 충격에 경황이 없어 위의 말씀들이 잘 지켜지지 않는 것이 보통이다. 물론 소태산의 죽음관에는 기본적으로 윤회 사상이 깔려 있어, 그것을 받아들이지 않는 사람들에게는 다소 거부감을 줄 수도 있을 것이다. 그러나 전체적으로 그 취지를 보면 될 것 같다.

소태산 식의 호스피스는 그 내용이 주로 당사자의 마음을 가라앉히고, 이승에 대한 집착을 끊게 하는 것으로 되어 있다. 그 가운데서도 우리의 관심을 끄는 부분은 마지막 항목이다. 이것은 전통적인 유교에서 부모님 등이 돌아가셨을 때–그 뒤에도 그렇지만–특히 임종 순간에 크게 울고, 온갖 발버둥을 쳐야 효자의 도리라고 하는 것과 큰 대조를 이룬다. 전통 유교에서는 부모님의 사망이 자식의 죄에 해당되기 때문에 위와 같은 일이 생긴 것이다. 독자들은 어떤 쪽이 더 현명하고 유익한지 쉽게 알 수 있으리라 믿는다.

참고로 죽음에 관한 공부의 입문서라 할 수 있는 레이몬드 무디 2세(Raymond Moody Jr.)의 『잠깐 보고 온 사후의 생 Life After Life』을 인용해, 소태산이 왜 임종 순간에 울지 말아야 한다고 했는지 덧붙이고자 한다.

독자들도 알다시피 이 책은 죽었다가 다시 살아났다고 주장하는 사람들의 이야기를 모은 것이다. 이들의 공통적인 이야기는 죽은 뒤에도 자기의식은 여전히 남아 있었고, 대단히 평안했다는 것이다.

그 가운데 어떤 사람은 죽었다 다시 살아난 뒤, 자신의 임종 때 바로 옆에서 기도를 해 주었던 친지, 친구들에게 이렇게 부탁했다고 한다. "죽음 뒤의 세계는 대단히 아름답고 평안했다. 이젠 죽음에 대한 공포도 없어졌을 뿐만 아니라, 빨리 그 세계로 다시 가고 싶다. 그러니 내가 다시 죽게 될 때, 제발 지난번 같은 기도는 하지 말아 달라. 왜냐하면 여러분들의 기도하는 마음이 나를 붙잡아 매는 염력 작용을 해서 육체를 떠나가기가 쉽지 않았기 때문이다."

기도마저 그렇다면 마구 울부짖는 것은 떠나는 영혼에게 더 큰 해가 될 것이 분명하다. 들을 수 있는 분은 마음을 열고 들어 주기 바란다.

임종 준비법

"자신의 임종이 가까워지는 것을 알게 되면, 일단 모든 일에서 물러나서 마음을 수습하고 생각을 비워 정리할 준비를 해야 하네. 유언도 할 필요가 있으면 미리 해 놓고 더 이상 생각하지 않아야 하네. 이때는 정신 통일이 가장 중요한데, 유언과 같은 일은 정신을 번거롭게 하기 때문이네.

또 자신을 되돌아보아 평소에 다른 사람에 대해 원망을 품었거나 원한 산 일이 있었다면, 그 사람을 직접 불러 맺힌 마음을 풀어야 하네. 그러나 만일 그 사람이 없으면 본인 혼자라도 그 원망심을 풀어야 해. 왜냐하면 이 원망심을 풀지 못하면 다음 생에 나쁜 인연을 만들 수도 있기 때문이네.

아울러 평소에 가졌던 애욕에 대한 집착도 노력해서 버려야 하네. 만일 이 집착심을 놓지 못하면 죽을 때도 제대로 못 죽을 뿐만 아니라, 죽는 순간이나 그 뒤에도 그 집착심 때문에 미혹 속에서 방황하게 되기 때문이지.

이렇게 계속 노력해 오다 최후의 순간이 되면, 더욱더 마음을 깨끗이 갖고 정신 통일 속에서 모든 생각을 잊고 명상을 하거나 염불을 해서, 그러한 상태에서 영혼이 떠나가도록 해야 하네.

만일 이렇게만 한다면 평소에 죽음이나 진리 같은 깊은 문제를 생각하지 않았던 사람도 좋은 결과를 얻을 수 있을 걸세.

그러나 그렇다고 해서 이런 준비를 평소에는 하지 않다가 죽을 때가 되어서나 하라는 것은 절대 아니네. 나의 설명은 평소에도 계속 수행해 온 사람들에게 최후를 더욱 잘 마치라고 부탁하는 것에 불과할 뿐이네. 평소에 나름대로 신행(信行)을 해 보지 않은 사람은 갑자기 하려고 해도 안 될 걸세."(소태산)

임종을 맞이하는 당사자가 어떤 준비를 해야 하는가에 대한 소태산의 실제적인 가르침이다.

우리나라와 같이 죽음 교육이 제대로 실시되고 있지 않는 나라에서, 앞장의 임종자 돌보는 법과 위의 임종자 준비법은 대단히 중요한 의미를 지닌다. 임종을 맞이하는 당사자에게 가장 중요한 것은, 위의 글에 따르면 마음속의 원망을 풀고, 이생에 대한 집착을 놓는 일이다.

특히 다른 사람과 맺은 원망감은 어떻게 해서든지 풀어야 한다는 가르침은 무척 구체적이다. 이생의 인연, 그 중에서도 나쁜 인연은 다음 생까지 갖고 가지 말고 이생에서 해결해 버리라는 가르침으로 생각된다.

아울러 증산도 경계했지만, 우리가 원이나 한을 가질 때 본연의 생명력이 왜곡되고 부정적인 방향으로 나아가, 결국 서로를 망치는 파괴력을 갖게 되듯이, 그런 원한 의식이 우리 생의 진행을 얼마나 가로막는가에 대해 소태산은 세심하게 주의를 주고 있다.

그러나 여기에서도 소태산은 평소의 수행을 강조하면서, 죽음과 삶이 둘이 아니라는 자신의 일관된 지견을 펴고 있다.

여기서 꼬집어서 거론하지는 않지만 불교, 힌두교 같은 동양 종교에서는 죽기 직전에 갖는 생각의 중요성에 대해서 자주 언급한다. 왜냐하면 바로 이 생각이 다음 생을 결정하는 데에 상당한 영향력을 행사하기 때문이라는 것이다. 그래서 심지어는 계속 나쁜 짓을 하면서 인생을 살아오다가도 죽기 바로 직전에 크게 뉘우치면 좋은 내생을 받을 수 있다는 이야기까지 한다. 그러나 죽기 직전에 하는 회개는 살아오는 동안 계속 자기를 돌아본 사람만이 가능한 법이다.

우리나라의 장례 풍속

제자가 정산에게 장례 문제에 대해 물었다.

"스승님, 우리나라의 장례 풍속을 보면 수의를 비싼 옷감으로 만드는 경우도 있고, 죽은 이의 영전에 바친다는 명목으로 옷을 새로 지어 불태우기까지 합니다. 그런데 우리 교단에서는 묵은 옷도 수의로 쓸 수 있다고 하니, 마지막 가는 신체에 너무 섭섭한 일을 하는 것 아닌지 모르겠습니다."

정산이 대답했다.

"수의는 깨끗한 묵은 옷이 없다면 새로 지을 수도 있겠지만, 묵은 옷이라도 새 옷과 다름없으면 그냥 써도 좋네. 이미 토석(土石)으로 화한 육체에 지나친 낭비를 해서 무엇 하겠나. 그리고 옷을 만들어서 태우는 것도 안 되네. 이것은 무지몽매한 짓이야. 아니, 오히려 죽은 이의 복을 깎는 일이 되니 해서는 안 되네."(정산)

증산은 제사 때의 음식 놓는 법이나 장례 때의 상복제도를 강하게 질타한 반면, 정산은 재래의 장례 관습에 대해 매우 합리적으로 비판하면서 선별적으로 받아들이려 하는 것을 볼 수 있다. 사람들이 장례에 지나친 비용을 쓰는 것은 물론, 죽은 이의 옷을 태우는 등 아름답지 못한 관습을 비판하고 있는 것이다.

전해 내려온 우리의 여러 관습에는 실제로 풍부한 상징성과 정당성이 있다는 것을 부정하지는 않지만, 반면 받아들일 수 없는 비이성적인 것도 많이 있다. 윗글에서 정산은 그러한 재래의 관습의 속뜻은 살리면서, 합리적인 적용으로 그 의미를 되살리는 아주 현대적인 해석을 내리고 있다.

우리 주위에는 부모님이 돌아가셨을 때 수의 하나에 2~3백만 원이라는 거금을 들이는 사람이 아직도 많다. 보통 "마지막 가는 분한테 어떻게 섭섭하게 해 드릴 수 있겠는가?"라는 빈약한 논리를 앞세우든가, 남에게 과시하고 싶은 생각에서 그런 짓들을 한다. 또 죽은 이가 부모님이라면 부모에게 생전에 못 다한 효를 하겠다는 생각도 일조를 할 게다. 그러나 수의는 땅속에 묻으면 그냥 썩는 것이니 낭비가 심하리라는 것은 불을 보듯 뻔하다. 모두 부질없는 짓이다. 이 문제에 대해 우리의 스승들은 진즉에 합리적인 해결책을 주었다. 따르고 말고는 본인들의 생각에 달렸지만.

제사는 우상 숭배인가?

제자가 정산에게 제사 문제에 대해 물었다. "제사 지내는 것을 보면 일반 풍속으로는 혼백이 흠향(歆饗)하도록 많은 음식을 차려서 정성을 나타내는데, 우리 교단에서는 제사 때에도 음식을 차려 놓지 않으니, 혼백을 너무 소홀하게 대하는 것 아닌지 모르겠습니다."

정산이 대답했다. "제단에 음식을 진열하는 것이 정성을 나타내는 한 표식이 될 수 있다는 것은 이해할 수 있는 것이지만, 혼백이 흠향한다는 것은 이해하기가 곤란하네. 한마디로 죽어서 몸이 없는데 어떻게 인간의 음식을 취할 수 있단 말인가. 더 나아가서 만일 그 풍속에서 암묵적으로 믿는 것처럼 혼백이 차려 놓은 음식으로 생활한다고 생각했다면, 매일 음식을 올려야지 왜 일 년에 한두 번만 제삿날을 정해 음식을 올리는 건가? 내 생각에는 차라리 음식 차리는 데 쏠리는 관심과 드는 비용을 실제적으로 돌려 혼백이 평안하게 있기를 진정으로 빌고, 소용되는 돈은 좋은 기관에 희사하면, 오히려 그 혼백에게 큰 보탬이 되리라 믿네."(정산)

원불교 역시 동학에서와 같이 제사와 같은 의식을 지낼 때, 음식 대신에 깨끗한 물을 한 사발 놓든가 꽃 같은 것으로 공양을 올린다. 제사에 대한 정산의 접근도 대단히 합리적이다. 특히 민간 제사 의식에서 행하는 것처럼, 죽은 조상이 음식을 흠향한다는 생각이 담고 있는 내적인 모순에 대한 지적은 시사하는 바가 크다.

그러나 제사 때 음식을 차려 조상께 올리고, 그 음식을 다시 후손들이 먹는 것(음복)은 종교학적으로 대단히 중요한 의미가 있다. 간단히 말해 후손들은 죽은 조상과 같은 음식을 나눔으로써 다시금 같은 공동체에 속해 있음을 확인한다. 이런 의식을 통해 조상은 우리와 관계없는 죽은 자로 존재하는 것이 아니라, '살아 있는 사자(死者)'가 되어 친교를 나누고, 후손들은 다시금 그 뿌리를 확인하는 것이다. 그럼으로써 생명의 원천인 조상과 하나가 되고 자신은 한 생만 살고 가는 덧없는 존재가 아니라 조상과 더불어 영원히 존재하는 존재라는 것을 확인하게 된다. 이른바 유교식 혹은 민간신앙적인 영생법이다.

기독교에서도 성찬식 혹은 성체성사라는 의식을 통해 예수의 피와 살을 상징하는 포도주와 밀떡을 먹는 중요한 의례가 있다. 이것은 그들에게는 생명의 근원인 예수와 한몸이 되어 영생하려는 것을 상징적으로 나타내는 의례로 유교의 음복과 그 의도가 정확하게 같다.

조상에 대한 제사 의례는 이와 같이 인간 성정에 뿌리박은 것이라, 거의 모든 인류에게서 보편적으로 나타난다. 따라서 이것을 우상 숭배라고 매도하는 것은 일자 무식쟁이나 종교 제국주의자들이나 하는 일이다.

풍수설과 화장

정산의 한 제자가 예부터 무덤 쓰는 것과 관련해서 많은 문제를 일으켜 왔던 풍수설에 대해 질문했다. "옛 풍속을 따르면 우리나라에서는 부모님이 돌아가셨을 때, 풍수이론에 따라 좋은 명당 자리에 무덤을 쓰면 자손들이 복을 받을 수 있다고 했습니다. 그런데 우리 교단에서는 매장을 하든, (풍수설에서는 금하고 있는) 화장을 하든 관계없다고 할 뿐만 아니라, 시신을 묻는 것도 적당한 곳을 잡아 아무 곳에나 하라고 하니 재래의 사상과 어긋남이 심한 것 같습니다."

정산이 대답했다. "물론 부모님의 무덤을 명당 자리에 쓰는 것은 좋은 일이긴 하지. 그렇지만 그것을 자신들의 화복과 연결시키는 것은 어리석은 일이야. 또 풍수설을 따른다고 자꾸 무덤을 옮기는 경우까지 있는데, 이것 역시 바람직한 일이 아니야. 자네도 생각해 보게. 보통 식물들도 살아 있을 때나 땅의 기운을 받고 살지, 죽은 다음에도 그 기운을 받는 것을 보았는가?

사람의 경우도 마찬가지야. 아무리 부모님의 뼈라고 하더라도 죽은 다음에는 생기가 전혀 없는 토석(土石)에 불과한데, 이 백골이 무슨 능력이 있어서 땅의 기운을 받아 자손들의 화복을 관장할 수 있겠나? 아마도 이것은 부모님에 대한 효를 권하는 한 방편으로 생긴 풍속이 아닐까 하네. 또 우리 교단에서 화장을 권하는 데에 대해서도 말이 많은 것 같은데, 우선은 화장법이 죽은 부모님께 박절한 것처럼 보이겠지만, 토석과 같이 무정물이 된 백골에게는 화장을 하든 매장을 하든 별 차이가 없는 것이야."(정산)

우리나라의 재래 민간 종교 이론 가운데 풍수설만큼 말 많고, 호응을 많이 받아 왔던 설도 드물 것이다. 풍수설은 우리의 신체와 같은 물리적 현실을 중시하는 유교 이론과 합쳐져, 우리 민족의 무덤 쓰는 방법에 대단히 강한 영향을 끼쳤다. 그러나 풍수설이 아무리 뛰어난 상징성을 가지고 있다 하더라도, 적어도 음택, 그러니까 묘의 터를 잡는 풍수에 관한 한은 지금까지 너무 미신적으로, 자손 중심의 이기적 욕구 충족 수단으로 잘못 이용되어 온 게 사실이다.

정산은 이렇게 잘못 이해되어 온 풍수설을 아주 합리적인 입장에서 비판하고 있다. 즉 전통적으로 생명의 진수라고 믿고 있는 뼈, 그 중에서도 부모의 뼈를 땅의 기운이 모이는 명당 자리에 묻으면 그 기운이 자손들에게 전해진다고 하는 황당무계한 이론을 정산은 비판하고 있는 것이다. 이 비판에는 다산 정약용과 같은 실학자뿐 아니라, 최창조 전 서울대 교수와 같은 현대의 새로운 풍수이론가들도 동의한다. 그다음에 문제되는 것은 묘지이다. 위의 풍수 이론이나 유교의 효 사상 때문에 부모님의 시신을 화장하는 것은 꿈에도 생각하지 못하는 것이 우리나라의 재래 풍습이었는데, 전 국토에 광범위하게 형성된 묘역(선산, 공동묘지, 공원묘지)이 그래서 문제가 된다.

우선 전국의 총묘지 면적이 나라 전체의 택지 면적보다 넓고, 더 나아가서는 지금도 매년 적지 않은 땅이 묘지 면적으로 늘어가고 있다는 엄청난 보고가 있었다(요즘은 화장을 하는 추세가 급속도로 증가하여 그 정도가 완화되고 있기는 하다). 다시 말해 산 사람들이 살 땅도 부족한데, 죽은 사람들이 차지하고 있는 땅이 더 넓다는 것이다.

이 때문에 화장을 교리적인 문제로 반대하던 가톨릭교회조차 시신을 묻은 다음, 일정 기간이 지나면 화장을 해서 납골당 등에 안치해도 좋다는 조칙을 만들었다. 원불교에서도 불교의 전통에 따라 화장을 권하는데, 앞으로 이 방법 외에는 묘지 면적의 확대 현상을 해결할 만한 방법이 없을 것 같다. 풍수설의 입장에서도 앞에서 거론한 최창조 교수에 의하면, 시신을 묻고 30년 정도가 지나면 뼈가 완전히 분해되기 때문에 그 뒤에는 무덤의 의미가 없다고 한다. 따라서 다시 원래의 토지로 환원시켜도 아무 문제가 없다는 것이다. 앞으로 더 깊게 생각해야 할 문제이다.

한국적 여성관(女性觀)

해월은 부인을 공경하라는 가르침에서 한 걸음 더 나아가, 아예 동학의 근본은 부인 수도에 있다는 혁명적인 발언을 한다. 뿐만 아니라 부인의 수도에 힘입어 앞으로는 도에 통한 부인네들이 많이 나올 것이라고 주장하고 있으니 한층 더 진보적인 발언이라 하겠다. 실제로 지금은–아직도 부족한 면이 있지만–해월의 시대와는 비교가 안 될 정도로 여성들의 사회 진출이 늘어났고, 앞으로도 더 늘어나면 늘어났지 줄어들지는 않을 것으로 생각되기 때문에 해월의 예언이 틀리지 않았음을 알 수 있다.

베 짜는 한울님

해월이 서택순이라는 제자의 집에 갔을 때 그 제자의 며느리가
베 짜는 소리를 듣고 이렇게 물었다.
"지금 누가 베를 짜고 있는가?"
"제 며느리입니다만……."
해월이 다시 물었다.
"지금 베 짜고 있는 것이 정말로 자네의 며느리인가?"
거듭되는 해월의 너무도 당연한 질문에 서택순이 주저하며 대
답하지 못하였다.
훗날 해월은 그때의 일을 회고하며 제자들에게 말했다.
"베를 짜고 있는 사람은 며느리가 아니라 한울님이네. 이 세상
에는 한울님이 아닌 것이 하나도 없네."(해월)

이 글은 모든 것이 한울님이라는 동학의 교리를 설명할 때 가장 잘
인용되는 유명한 글이다. 아울러 해월의 여성관을 엿볼 수 있는 글로
도 많이 인용된다. 전통사회에서 시댁에 완전히 예속되어 하나의 일
하는 기계로만, 혹은 아들을 낳는 자손 제조기로만 간주되어 오던 며
느리라는 존재가 사실은 한울님이라는, 따라서 큰 공경을 갖고 대해
야 한다는 해월의 이 법설은 또 하나의 소리 없는 혁명이기도 하다.

조선시대에 우리나라 여성들이 너무나도 비참한 생활을 했다는 것은 다 알려진 사실이다. 벙어리 3년, 귀머거리 3년, 장님 3년이란 말이 이러한 비참함을 잘 말해 준다. 새벽부터 일어나서 밥 짓고, 설거지하고, 애 보고, 밭 갈고, 길쌈 매고, 자정이 되어서야 잠을 자는 생활에 그 육체적인 고달픔은 이루 말할 수 없었을 것이다.

물론 상태가 이렇게 최악이었던 것만은 아니다. 당시의 우리 여성들은 대체로 아들을 낳으면 시댁에서 조금씩 대접을 받기 시작하는데, 그 아들이 커 가면서 며느리에 대한 예우도 달라진다. 이전 어머니들이 그렇게 아들에게 극진했던 것은 시댁 식구들 가운데에서 아들만이 유일하게 믿을 수 있는 자기 편이었기 때문이다. 시집을 오면 여성은 온통 모르는 적(敵), 즉 시댁 식구에게 휩싸이게 된다. 남편도 자기 부모의 말에 복종해야하기 때문에 믿을 수가 없다.

그러다 재수가 좋아 아들을 산출해 내면 대를 이을 자식을 생산했다는 공로가 인정되어 약간이나마 사람 대접을 받게 된다. 따라서 그 아들은 자신에게 있어서 대단히 중요한 존재가 된다. 그리고 그들을 단 하나밖에 없는 자기편으로 만들기 위해 온갖 정성을 다 쏟는다(그래서 한국 남자들은 대개가 마마보이가 된다).

그러다가 세월이 흘러 며느리가 시어머니가 되어 곳간 열쇠를 차지하게 되면, 한국 여성들은 거의 완전한(?) 권리를 찾게 된다. 옛 어머니들이 그렇게 아들 낳기를 갈망하고 아들에 집착했던 이유가 바로 여기에 있다. 한편, 한국 여성들이 완전하게 권리를 회복하는 것은 죽은 뒤 신위로 모셔져 남편과 동등하게 제사상에 올라가게 됐을 때라는 지적도 있다.

어떻든 여기서 해월은 어린이와 함께 며느리 역시 한울님과 같은 존재이니 진작부터 그 권리를 찾게 해 인간다운 대접을 하라고 간접적으로 지적하고 있는 것이다.

부인은 집안의 주인

"부인은 한 집안의 주인입니다. 한울님을 공경하고, 제사를 받들며, 손님을 접대하고, 옷을 만들며, 음식을 만들고, 아이를 낳아서 기르며, 베를 짜는 것 등등 집안일 가운데에는 부인의 손이 닿지 않는 것이 없습니다."(해월)

해월은 부인의 중요성에 대해 이렇게 말했다. 해월은 여기에서, 이렇게 엄청나게 힘든 일을 하면서도 제대로 대접받지 못하던 당시의 부인들에 대해 그 지위를 확보하게 해 주는 큰 선언을 하고 있다.

남편은 바깥주인이고 아내는 안주인이 아니라, 한 집안의(실제적인) 가장은 부인이라고 한 것이 그것이다. 실제로는 그런 위치에 처해 있으면서도 조선조의 고질적인 남존여비 사상 때문에 제대로 기를 못 펴고 있던 부인들을 위해 이 주장을 공식적으로 밝힌 것이다.

증산도 앞으로 후천시대가 오면 남자들이 부인의 말을 듣지 않고는 어떤 일도 할 수 없을 것이라는 예언적인 설법을 했다. 요즘 선지자들의 이러한 예언이 너무나 정확히 맞아 들어가는 것 같다. 아니 오히려 부인들의 권한이 너무 커져–적어도 현상적으로는–부인과 남편, 즉 어머니와 아버지의 역할 구분이 없어져, 아이들이 정신을 못 차리는 듯하다.

요즈음 어린이들은 옛 어머니의 자상함을 오히려 아버지에게서 발견하고 있다고 한다. 그것은 그런대로 괜찮지만, 옛 아버지의 엄격함-엄격함은 인간교육에 있어서 인간을 훈련시키는 데 꼭 필요한 요소이다-은 찾을 곳이 없으니, 앞으로 가정교육이 어떻게 정착될지 여간 궁금한 것이 아니다.

부인 공양

"아내가 혹 성을 내더라도 그 남편 된 이는 마음과 정성을 다하여 절을 하면서 공경해야 합니다. 한 번 절하고 두 번 절하면서 온순한 말로 성내는 모습을 보이지 않으면, 비록 도둑이 행한 악일지라도 반드시 화하게 만들 수 있으니 계속 절을 해야 합니다. 부인이 불민하면 아무리 날마다 세 가지 짐승(소, 양, 돼지)으로 부인을 봉양할지라도 한울님은 감응하지 않을 것입니다. 부부가 화합하지 못하면 자손 역시 보잘 것 없이 되기 쉽습니다."(해월)

부부 화합의 중요성에 대해 해월은 이렇게 말했다. 해월은 비슷한 시대의 다른 선지자와 비교해 볼 때 특히 부인에 대한 설득이나 부인의 덕목 갖추기에 유달리 관심이 많았다. 앞으로 오는 시대에는 남성(陽)의 원리가 아니라 여성(陰)의 원리가 지배하게 될 것이라는, 현대 문명비평가들의 견해를 이미 직관적으로 알아차린 것은 아닐는지?

아울러 이는 부인이란 밥이나 짓는 부엌데기, 애나 낳고 기르는 차세대 후계자 제조기, 남편의 성욕을 채워주는 한낱 소모품에 불과한 존재로만 생각했던 조선조의 암울한 부인(여성)상을 전면 개편하고자 했던 폭탄적인 법설인 것이다.

어렸을 때는 제쳐 두더라도 시집 와서 벙어리 3년 등등해서 수 년 간을 바보 노릇을 하고 살다가, 그저 아들을 낳아야 그 아들을 통해 뒤늦게 권리를 찾을 수 있었던 조선조의 가련한 우리 어머니들.

해월은 이러한 부인상은 더 이상 있을 수 없다고 선언한다. 더 나아 가서 어떠한 경우라도 온 마음과 정성을 다해 부인을 섬기고 절을 하 라니, 당시에 이 법문을 듣고 동학도들이 제대로 실행에 옮겼을지 여 간 의심스러운 것이 아니다. 동학은 이렇듯 여성에 대한 생각에서도 전통 유교와는 완전히 다른 길을 갔음을 알 수 있다.

그런데 재미있는 것은 전통시대에 여성을 그렇게 작당이나 한 듯 이 억압을 했지만 여성들이 호락호락하지는 않았다는 점이다. 옛 사 람들의 부부관계를 보면 더욱 그렇다. 젊었을 때는 마초-힘쓰기 좋 아하고 여성을 우습게 보는 남자들에 대한 총칭-처럼 며느리를 들들 볶고 못살게 굴던 남자들이 늙어서는 되레 그 부인에게 쥐어 사는 경 우가 흔하였다. 이것은 조선 여성이 내면적으로 강했던 탓도 있겠지 만 생리적으로 설명할 수도 있다.

남자들은 50세가 넘으면 남성성이 줄어들면서 여성성을 띠는 방향 으로 가까이 간다고 한다. 그래서 젊었을 때 아무리 난다 긴다 하던 장 군들도 나이가 들면 양순해지기 짝이 없어지는 경우를 보게 되는 것 이리라. 나이가 60세가 넘어 남성성이 많이 없어진 남자는 여성성을 그대로 지키고 길러온 부인 앞에서 기를 못 펴게 되는 것이다. 그러니 젊어서 잘 해 주라는 이야기가 나올 수밖에.

부인 수도와 도통

"부인 수도는 우리 도의 근본입니다. 앞으로는 부인 가운데 도 통하는 사람이 많이 나올 것입니다. 지난 시대에는 부인네들을 억압했습니다마는, 지금 이 새로운 기운의 시대에는 부인이 도 통함으로써 사람 살리는 이가 많아질 것이니, 이것은 사람이 다 어머니의 포태 속에서 나서 자라는 것과 같은 것입니다."(해월)

해월은 부인을 공경하라는 가르침에서 한 걸음 더 나아가, 아예 동학의 근본은 부인 수도에 있다는 혁명적인 발언을 한다. 뿐만 아니라 부인의 수도에 힘입어 앞으로는 도에 통한 부인네들이 많이 나올 것이라고 주장하고 있으니 한층 더 진보적인 발언이라 하겠다.

실제로 지금은—아직도 부족한 면이 있지만—해월의 시대와는 비교가 안 될 정도로 여성들의 사회 진출이 늘어났고, 앞으로도 더 늘어나면 늘어났지 줄어들지는 않을 것으로 생각되기 때문에 해월의 예언이 틀리지 않았음을 알 수 있다.

그런데 문제는 정작 해월의 후계자들인 현대의 동학도들이 이러한 가르침을 실행하고 있느냐 하는 것이다. 여기에 대해서는 약간은 부정적인 생각을 떨칠 수가 없다. 왜냐하면 과문(寡聞)한 탓도 있겠지만, 천도교 내부의 간부 요원이나 원로회(연원회) 같은 곳에 여성들이 활발하게 참여하고 있다는 말을 들어본 적이 없고, 또 일반 동학교도 가운데에서도 사회적으로 인정받는 여성을 쉽게 찾을 수 없기 때문이다.

이것은 정말로 안타까운 일이다. 구시대적 유교의 가치 개념이었던 남존여비 사상을 수운대신사(동학 창도주 최제우)와 해월신사(2세 교주 최시형)는 목숨을 바치면서까지 타파해서 물려 주셨는데, 그 후계자들은 이를 충분히 계승하지 못하고 있기 때문이다. 물론 이와 같이 초조(初祖)의 개혁 정신이 바래는 것은 종교사에 있어서는 보편적인 현상이라 꼭 동학만을 탓할 일은 아니다.

가령 기독교를 말하면 나는 사실 예수님이야말로 세계의 성인 가운데 가장 친여성적인-페미니스트적인-분이라고 생각한다. 당시 유대 사회가 남녀를 엄격하게 분리하고 여성을 억압하는, 아니 여성을 인간으로도 인정하지 않으려고 했던 지독한 가부장적인 사회이었음에도 불구하고 예수님 주위에는 항상 여성들이 들끓었다. 비근한 예로 예수님의 마지막 길이었던 골고다 언덕길에서도 남자 제자들은 모두 도망가고 여자 제자들만 남게 된다. 그리고 부활한 예수를 제일 처음 목격한 이도 여자 제자였다. 예수 자신은 이렇게 여성을 가까이 하고 옹호했건만 그가 죽은 뒤 기독교 교회는 바로 반여성적인 정책을 쓰기 시작한다. 사도 바오로도 대표적인 사람인데 그 뒤 기독교는 가장 여성을 억압하는 종교 중에 하나가 된다. 그러나 최근에는 많이 개선되어 '여성신학'과 같은 친여성적인 신학이 나오고, 세계의 종교 가운데 상대적으로 여성을 옹호하는 종교로 자리매김하게 된다.

부인 수도의 덕목

"부모님께 효를 극진히 하오며, 남편을 극진히 공경하오며, 내 자식과 며느리를 극진히 사랑하오며, 하인을 내 자식과 같이 여기며, 여러 가축들도 모두 다 아끼며, 나무라도 생순을 꺾지 말며, 부모님이 화내시면 성품을 거스르지 않게 웃고, 어린 자식을 때리지 말고 울리지 마옵소서. 어린아이도 한울님을 모셨으니 아이 때리는 것은 곧 한울님을 때리는 것입니다. 이러한 하늘의 이치를 모르고 아이를 때리면 그 아이가 죽을 수도 있으니, 부디 집안에서 큰 소리를 내지 말고 화순하기만 힘쓰옵소서.

이같이 한울님을 공경하고 효성을 드리면 한울님이 좋아하시고 복을 주시나니, 부디 한울님을 극진히 공경하옵소서."(해월)

부인들을 향한 해월의 지극한 말씀이다. 이 법문과 같이 간절한 경어로 되어 있는 몇 가지 법문은 최근에 발견된 자료로서, 해월이 특히 부인을 대상으로 해서 행한 것이다.

위의 글과 바로 다음 글은 「내수도문(內修道文)」이라 불리는 법문에서 뽑은 것으로, 대상이 부인이라 그런지 철저히 한글로 되어 있다. 또 지극한 경어체로 씀으로써—이 법문은 편자(編者)가 거의 손을 대지 않고 그대로 실었다–해월의 부인에 대한 공경심을 나타낸 듯하다. 이 법문들은 해월이 개인적으로나 가정적으로 가장 안정된 시기에 만들어졌다고 한다.

「내수도문」은 그 내용을 크게 '부인의 가족 윤리관', '대자연관', '위생관', '마음으로 한울님께 고하는 심고(心告)' 등 넷으로 나눌 수 있는데, 위의 글은 그 가운데 가족 윤리관과 대자연관을 옮긴 것이다. 여기에서도 어린이 보호에 대한 법문이 반복되는데 앞에서 나온 것과 같은 내용의 글이다. 바로 이 글로 인해 '천도교 소년회'가 생기고, 교단 안에서 어린이 운동이 시작된다.

하인까지 포함한 사람들을 공경하라는 이야기는 그렇다 치지만 가축도 아끼고 심지어는 나무의 새싹을 꺾지 말라는 데에서 우리는 해월의 지극한 생명 존중 사상을 본다. 여기에서 해월은 특히 어린이에 관한 언급을 하는데 지금의 입장에서 보면 이상하기 짝이 없다. 가령 당시에는 얼마나 아이를 때렸길래 아이가 맞다가 죽을 수도 있다고 했는지 상상이 안 간다. 그러나 한 세대 전까지만 해도 아이들은 사람 대접을 못 받았던 것이 사실이다. 앞에서도 언급한 것처럼 해월은 이것을 고칠 것을 지적했고, 해월의 이러한 발언은 천도교 어린이운동의 모태가 된다.

"한 번 쓴 물은 물론 어떤 물이든 땅에 부을 때에는 멀리 뿌리지 말고, 가래침을 뱉을 때에도 멀리 뱉지 말며, 코도 멀리 풀지 말고, 침이나 코가 땅에 떨어지면 곧 닦아 버려야 합니다. 왜냐하면 침을 멀리 뱉고, 코를 멀리 풀며, 물을 뿌리는 것은 모두 천지부모님 얼굴에 하는 것과 같은 것이기 때문입니다. 그러니 부디 그리 아시고 조심하옵소서."(해월)

위의 글도 「내수도문」에 실린 것으로, 주로 위생에 관한 법문이지만 해월의 자연관도 엿볼 수 있다.

위생에 대한 부분은 이외에도 또 나온다. 먹던 밥이나, 먹던 국, 김치, 반찬 등을 새 것들과 섞지 말라고 한 것이나, 그것들을 금 간 그릇이나 이 빠진 그릇에 담아 먹지 말라고 한 것 등이 그것이다. 『천도교창건사』와 같은 천도교 역사 자료를 보면, 해월의 이와 같은 위생에 관한 법문이 나간 뒤로는 교단 안에 괴질을 앓는 이가 없어졌으며, 이 때문에 입교하는 사람들이 많았다고 한다.

또 한편 중요한 것은 해월이 위생을 지켜야 하는 이유로서 제시하고 있는 근거이다. 침, 물, 코를 함부로 처리하면 안 되는 이유는 땅이 바로 (천지)부모님의 얼굴이기 때문이라는 것이다. 여기에서 우리는 대지를 살아 있는 것으로 보는 관점뿐만 아니라, 더 나아가서 부모님으로 생각하는 동학의 주요한 자연관을 확인할 수 있다.

이것은 앞에서도 본 것처럼, 북미 인디언 등 세계 도처의 부족 단위 국가에 살던 토착민들의 자연관이기도 하다. 북미 대륙을 개척이 아닌 약탈을 할 때, 당시 백인들은 인디언들의 이러한 자연관을 일고의 가치도 없는 미신으로, 혹은 미개하기 짝이 없는 애니미즘적인 신앙으로 무시하고 철저히 짓밟았다. 앞에서도 잠깐 언급했지만, 한 인디언 추장이 백인에게 보낸 편지를 좀 더 소개해 본다. 이 편지는 백인이 당시 인디언들이 소유하고 있던 땅을 팔라고 하자 추장이 그런 생각이 잘못됨을 밝히면서 보낸 것이다.

> (당신들 백인들은 땅을 팔라고 하는데) 하늘을 어떻게 사고팝니까? 땅을 어떻게 사고팝니까? … 나무껍질 속에 흐르는 수액은 우리 혈관을 흐르는 피입니다.
> 꽃은 우리의 누이입니다. 곰, 사슴, 독수리… 이 모든 것은 우리의 형제입니다. 우리는 자식들에게 땅이 우리의 어머니라는 것을 가르칩니다. 땅에 일이 생기면 땅의 아들에게도 일이 생깁니다. 우리가 이 땅의 일부이듯이 그대들도 이 땅의 일부입니다. 이 지구는 우리에게 소중합니다.
> (조셉 캠벨 렉 모이어스, 이윤기 역, 1992, 『신화의 힘』, 고려원, 84-87쪽 수정 인용)

그런데 그로부터 300년도 채 안 된 이제, 인류는 다시 이러한 자연관을 갖지 않으면, 아니 적어도 그런 식의 생각을 갖지 않으면 절대로 환경 문제를 풀 수 없다는 것을 자인하게 되었다. 참으로 역설적인 이야기이지만 인류는 여전히 스스로의 파멸을 향해 질주하고 있는 것 같다. 환경문제를 과학의 발달로 풀 수 있다고 하는 사람들도 있지만 내가 보기에는 인류의 의식구조나 가치관에 파천황적인 일대 개혁이 있지 않는 한 인류는 이번 고비를 못 넘기고 상상할 수 없는 대 겁난에 빠지게 될 것 같다. 그 시기가 언제가 될지 모르지만 우리나라가 1997년 말에 갑자기 IMF 금융위기 사태로 부도가 나 거덜 나듯이 환경파국의 시기도 어느 날 갑자기 올 것 같아 불안하기만 하다(이것은 남북통일도 마찬가지이다).

한국형 태교

"아기를 갖게 되면 다음과 같은 것을 삼가고 주의해야 합니다. 고기, 생선, 논에 사는 우렁이, 냇가에 사는 가재 등을 먹지 말고, 고기 냄새도 맡지 말아야 합니다. 고기를 먹을 때에는 그 고기 기운을 따라 태어나는 아기의 성품이 모질고 탁하게 되니 고기의 선별에 주의해야 합니다.

또 한 달이 되면 경사진 자리에 앉지 말며, 잘 때에도 자세를 반듯이 하고 모로 눕지 말아야 합니다. 김치나 채소, 떡 등도 기울게 썰지 말고, 울타리 터진 데로도 다니지 말며, 남의 말도 하지 말고, 담 무너진 데로도 다니지 말며, 지름길로도 다니지 않는 게 좋습니다. 또 성내지도 말고, 무거운 것을 들거나 이지 말아야 하며, 가벼운 것은 무거운 듯이 조심해서 들며, 방아 찧을 때에도 너무 되게 찧지 마십시오. 먹을 때에는 급하게 먹지 말고, 너무 차거나 뜨거운 음식을 먹어서는 안 됩니다. 앉을 때에도 기대서 앉지 말아야 하고, 비켜서지 말며, 남의 눈을 속여서도 안 됩니다."(해월)

해월이 앞으로 어머니가 될 여성들에게 펼친 태교관이다. 이 글은 해월이 부인 교도들에게 행한 법문인 「내칙(內則)」에서 뽑은 것으로,

해월이 전하는 태교(胎敎) 방식이다. 내용을 읽어보면 알 수 있듯이, 한 종교의 교주가–당시의 남성 중심적 사회에서 보면–부인의 일에 대해서 이렇게 세세한 데에까지 언급하면서 사려 깊은 가르침을 전하는 데에 놀라움을 금할 길이 없다.

그러나 한편 해월의 입장에서 보면, 새로 태어날 잉태된 한울님을 예사롭게 취급할 수도 없는 일이었을 것이다. 이렇게 놀라울 정도로 조심하고, 마음을 모아서 태아를 기르고, 그리고 낳아서는 수심정기(守心正氣), 무위이화(無爲而化)하는 법으로 가르치면 수운이나 해월의 말대로 3년 안에 가장 이상적인 인간상인 군자나 성인이 되는 것도 가능하지 않을지 모르겠다.

이 글들은 앞에서 언급한 대로 순 한글체에 깍듯한 경어체로 되어 있다. 한글이 창제된 이후로 여성이나 서민 대중을 대상으로 했던 문서들은 모두 한글로 쓰는 경향이 있었는데, 해월은 이것을 따른 것 같다. 이것은 그의 스승인 수운에게서도 나타난다. 선비를 대상으로 한 『동경대전』은 순 한문체인데 반해, 여성이나 서민 대중을 대상으로 한 『용담유사』는 한글로 되어 있는 것이 그것이다. 그러나 해월은 스승과는 달리 절실한 경어체를 사용함으로써 그의 여성에 대한 지극한 관심과 공경심을 보여준다.

후천시대는 남녀동권시대

"이전에는 사회에서 부인을 존경하는 일이 적었지만, 앞으로 오는 후천개벽시대에는 부인들도 각기 이루어 놓은 바에 따라 보상을 받게 되고, 존경을 받게 될 것이오.

또 앞으로는 해원시대가 되기 때문에 몇천 년 동안 집 안에만 갇혀 정당한 보상 없이 일만 죽도록 해 주고, 남자들의 노리개 역할을 해 왔던 여성들이 갖고 있는 그 많은 한을 풀어 주어야만 하오. 그래서 나는 (이 한을 푸는 작업의 일환으로서) 여성과 남성의 역할을 바로 잡는 일, 즉 정음정양(正陰正陽)의 일을 할 터인데, 이 작업이 성공하면 앞으로의 시대에는 남자들도 여성이 말을 듣지 않으면 함부로 자신의 권리를 행사하지 못하게 될 것이오."

"선천시대의 잘못된 남녀 차별 때문에 큰 한을 품고 죽은 부인들이 그 한을 풀고 앞으로 오는 세상의 주도권을 잡기 위해, 모진 마음으로 염주 굴리는 소리가 온 우주에 가득 차 있소. 오는 시대가 세상을 자신들의 것으로 만들려는 그들 뜻처럼 되지는 않을 테지만, 적어도 남녀동권의 시대는 올 것이오."(증산)

증산은 앞으로 도래할 후천개벽시대에 여성이 어떤 위치를 갖는지에 대해 위와 같이 말했다.

증산 사상의 핵심이 해원이라고 할 때, 그 가운데에서도 여성의 해원은 중요한 위치를 차지한다. 아울러 여성 문제에 대해 구체적인 진단을 내리고 있는 것도 주목을 끈다. 선천 시대에 남자들의 완롱거리에 불과했고, 항상 남성보다 부차적인 위치에서 억압을 당해 왔던 여성들이 드디어 후천 시대에 접어들면서 자유를 누리기 시작한다는 것이다. 적어도-이념적인 수준에서라도-남녀동권의 시대가 오고, 여성들도 행한 바에 따라 보상을 받게 되리라고 한 증산의 이 예언은 상당히 정확히 들어맞았다고 할 수 있다.

사실 여성들이 이 같은 상대적인 해방감을 느끼기 시작한 것은 백년도 안 되는 일인데 이것은 오천 년 내지 칠천 년의 인류의 역사를 생각해 볼 때 극히 최근의 일인 것이다. 수천 년 동안 전 인류의 반을 이루고 있었던 여성들이 억압을 당해 오면서도 이에 대한 대대적인 개혁 작업이 없었던 것은 정말로 이상한 일이다.

1893년에 열린 시카고 종교 의회(Congress of World Religions)에서 세계 각국의 많은 종교가와 종교학자들에게 큰 감동을 주면서 스타가 되었던 인도의 라마크리슈나의 제자 비베카난다는, "인류의 한쪽 날개-여성을 뜻한다-가 해방되지 않는 한 인류에게 구원은 없다."라는 유명한 말을 남겼다. 이처럼 19세기 말부터 새로운 개혁이 전 세계적으로 일어난 것이다. 그래서 우리나라에서도 선지자들이 개벽을 부르짖은 것일 게다.

『현대물리학과 동양사상 Tao of Physics』이라는 책을 써서 우리에게 친숙한 카프라(Capra) 같은 세계적 문명 비평가도 다가오는 시대에는 여성적인 덕목이 세상을 지배하게 될 것이라는 예측을 했다. 그는 지금까지는 분석적 · 공격적 · 경쟁적인 태도와 같은 남성적인 태도가 세상을 지배했지만 앞으로는 통합적이고 수용적이고 포용적인 태도를 지향하는 여성적인 덕목이 우세할 것이라고 했다. 또 그래야만 현재 인류가 당면한 심각한 문제, 즉 인구 · 전쟁 · 식량 · 환경문제를 해결할 수 있다고 한다. 이러한 예측이 맞아떨어졌던지 지금 여성 운동은 전 세계적으로 맹렬하게 번져 나가고 있다.

그런데 특기할 만한 것은 여성 운동과 항상 같이 벌어지는 운동이 있는데, 환경보호운동이나 (종교) 다원주의 현상, 혹은 종교 간의 대화 운동이 그것이다. 이 세 문제는 서로 맞물려 있어 어느 하나만을 따로 떼어 해결하는 것이 불가능한 모양이다. 하기야 환경운동의 첫 번째 슬로건은 자연을 보호하자는 데에 있고 자연은 보통 여성인 어머니로 표상되니 이 두 운동이 연결되지 않을 수 없을 것이다.

또 한 가지 재미있는 사실은 증산이 여성의 한을 풀어 주기 위해 자신의 고유 종교 의식인 천지공사를 특별하게 행한 점이다. 전해 오는 바에 따르면 증산은 자신의 아내를 자기 배 위에 태우고 춤을 추게 하는 등의 공사를 행하면서, 지난날 남성들이 여성에게 저지른 만행에 대해 용서를 비는 해원 의식을 했다고 한다. 이는 증산다운 언행으로 생각된다.

음양의 순서대로

"선천시대에는 실제로는 음(여성)을 누르고 양(남성)을 높이면서
도, 말을 쓸 때는 음양이라 하여 음을 양 앞에 썼는데, 앞으로는
음양이라는 말 순서 그대로 음이 양보다 더 귀하게 될 것이오."
(증산)

앞장과 비슷한 맥락에서 증산은 앞으로 음의 시대가 도래할 것이
라고 예언했다. 남녀 관계에 대해 앞에서 본 내용에서는 대체로 선천
시대의 잘못된 음양 관계가 동등하게 재정립될 것이라고 예언한 반
면, 여기에서는 음(여성) 쪽이 양(남성) 쪽보다 더 중요하게 될 것이라
는, 여성 편향적인 예언을 하고 있다. 그리고 앞으로는 음양이라는 말
순서대로 음이 더 귀하게 될 것이라는 재미있는 지적도 하고 있다.

해월도 이미 자신의 교단에서 앞으로 여성 도인들이 많이 나온다
고 예언했고, 소태산의 제자 가운데에는 여성 제자(교무)가 즐비하다.

요즈음의 추세를 보면 이 분들의 예언은 점점 더 성취될 가능성이
높아지는 것 같다. 실제로 요즈음 초등학생들을 보면 여자 아이들의
기가 너무 세서 남자 아이들이 기를 제대로 못 펴고 지낸다는 이야기
가 많이 들린다. 각 분야에서 여성이 우수한 성적을 거두거나 구성비
에서 남성들을 앞서는 사례는 이제 뉴스거리도 아니게 되었다.

이것은 물론 사회과학적인 관찰이 아니라 그 신빙성에 문제가 있 겠지만, 요즘 젊은 부모들을 보더라도 엄한 아버지상은 완전히 없어 지고, 극성스런 어머니상이 대신 들어서고 있다. 그러니 그런 어머니 밑에서 자라게 될 딸들의 여성관이 어떻게 될 것인가 하는 것은 짐작 할 수 있지 않을까.

남자와 여자

"이경순은 여자의 몸으로 체구는 비록 작으나 나쁜 기운(邪氣)이 떨어진 도인이네. 사람이면 누구든지 나쁜 기운만 떨어지게 되면 천지라도 움직일 만한 큰 힘이 생기지."(소태산)

소태산이 이경순이라는 여제자에 대해 이렇게 평가했다. 이 장에 이 일화를 포함시킨 것은 어떤 도덕적인 의미가 있어서라기보다는 여성을 도인이라고 직접적으로 불렀기 때문이다. 선천시대에 억압받던 여성이 이제 후천시대를 맞이하여 다방면으로 진출하고, 가장 남성적인 조직인 '도를 닦는' 종교계에도 진출하게 되었다는 것을 실제로 보여주는 문구라서 포함시킨 것이다. 바로 앞에서도 본 것처럼 해월이나 증산이 여성 우호적인 발언을 많이 했음에도 불구하고 이들 종단에서 여성의 위치는 그다지 강조되는 것 같지 않다.

이에 비해 원불교 내의 여성의 지위는 선천시대의 종교와 비교해 볼 때 많은 차이를 보인다. 교단의 중요 의결 기관(수위단)에도 여성이 반수 참여하고 있으며, 많은 교당의 주임 교무(원불교 성직자)도 여성인 경우가 많다. 아마도 여성 성직자가 한 교회의 책임자로 있고, 남성 성직자가 그 선배 여성 성직자를 보좌하는 경우는 세계의 어떤 종교에서도 쉽게 찾아 볼 수 없을 것이다. 이것을 천주교의 경우에 적용시켜

보자. 천주교 교회에서는 항상 남자인 신부가 책임자로 있고 수녀는 보좌 역할을 한다. 그런데 만일 여성이 주임 사제가 되고 그 밑에서 남성 사제가 보좌한다고 상상해 보면 얼마나 경이로운가?

현재 서울에 있는 원불교 교당 가운데 여성 성직자가 책임자로 있는 교당이 약 90%쯤 된다고 한다. 참으로 놀라운 일이다. 이 교당들에서는 젊은 남성 교무가 선배 여성 교무를 모시면서 운영되고 있다. 이런 맥락에서 원불교도들은 상대적으로 볼 때 자신들의 종교가 세계에서 남녀 평등을 가장 잘 실천하는 종교라는 사실에 자부심을 가져도 좋을 것 같다.

또한 소태산은 앞으로 도래할 세계에는 부부 관계가 평등해질 것이라고 계속 강조했다. 그냥 평등해질 것이라고 한 게 아니라 구체적으로 어떤 모습이 나타나는지에 대해 상세히 말하고 있어 이채롭다. 가령 앞으로는 문패에도 남성, 여성의 이름을 같이 적어야 될 것이며, 여성(부인)도 경제생활을 해야 한다는 것이 그것이다. 또 비록 확인된 것은 아니지만, 앞으로는 부부가 서로 다른 집에 살면서 지금의 부부처럼 합체성은 유지하면서 긴밀한 관계를 가지지만, (현재의 결혼제도에서 가장 부족한 부분인) 독자적인 생활도 할 수 있게 되는 세상이 올 것이라는 예언까지 했다고 한다. 이것이 사실이라면 이는 대단히 탁월한 견해라 아니할 수 없다.

남녀가 성숙된 인격을 가지려면

"내가 그동안 많은 남녀 제자를 접해 보면서 느낀 점을 말해 보겠네. 보통 남자 제자들은 대체로 너그러우나 좀 빈 것 같아 건실성이 없는 게 흠이며, 여자 제자들은 대체로 주도면밀한 좋은 점이 있지만, 견해가 고정되어 있어 용납성이 없는 것이 흠으로 보이네. 따라서 원만한 성품을 가지려면 남자들은 너그러운 것은 유지하면서도 속마음을 주도면밀하게 챙겨야 할 것이고, 여자들은 꼼꼼한 것은 유지하면서도 속마음을 원만하고 관대하게 만들 수 있도록 노력해야 할 것이네."(소태산)

소태산은 위와 같이 남녀의 차이에 대해 재미있는 관찰을 하였다. 이 이야기는 남성성과 여성성에 대해 대단히 날카로운 지적을 한 것 같다. 물론 여기에서 소태산이 말하는 남녀의 특징이 선천적인 것이 아니라 태어나서 받은 사회의 교육, 다시 말해 후천적인 환경의 소산이라는 비판도 가능할 것이다. 그러나 대체로 현실적으로 드러나 보이는 현상은 소태산의 위의 지적과 그렇게 다르지 않은 것 같다.

심리학에서도 성숙된 인격을 이야기할 때 남성의 경우에는 여성적인 부드러움이, 여성의 경우에는 남성적인 강함이 섞여야 성숙되고 원만한 인격을 이룰 수 있다고 주장한다. 즉 자신의 성적(性的)인 특징을 유지하면서도 이성(異性)의 장점을 통합해야 성숙된 인격을 갖출 수 있다는 것이다.

　그런데 분석심리학자인 융(Jung)에 의하면, 우리의 내면에는 양성의식(兩性意識)이 모두 있다고 한다. 따라서 이 양성성을 융합해야 온전한 인격이 된다. 즉 남자의 경우에는 숨겨진 여성성을, 여자의 경우에는 숨겨져 있는 남성성을 무의식으로부터 끌어내어 의식 속에서 통합시켜야 참다운 자아실현, 혹은 개인화(Individuation) 과정이 실현된다는 것이다.

08

잡편(雜篇)

해월도 성인은 겉보기에는 너무도 평범한 사람이라 했다. 따라서 겉모습에 신경을 쓰고, 쓸데없이 남에게 어떻게 보일까 신경을 쓰는 사람은 성인이 될 수 없다. 그런데 우리는 성자에게서 항상 특별한 면을 찾으려 하고, 또 그런 면이 있어야 그를 신임하고 그에게 조복한다. 여기서 소태산의 제자가 어리석은 사람의 표본처럼 보일 수도 있겠지만, 사실은 이는 바로 우리 자신의 모습이다. 우리에게는 이렇게 신비한 이적을 찾고, 그것을 맹종하며 마음의 평안을 구하려는 성향이 있음을 알아야 한다.

신기한 이적을 찾아

소태산의 제자 가운데 풍채가 늠름하고 세상에 대한 상식이 풍부한 이가 있었다. 그는 소태산을 만날 때마다 보통 사람과 다른 점을 소태산의 몸에서 찾으려 하였다.

하루는 소태산이 그에게 머리털을 잘라 달라고 부탁한 후, 상투머리를 풀어 그의 앞에 보였다. 그가 머리털을 자르려고 소태산의 두상을 들여다보니, 곧 소태산의 머리가 샘같이 뚫어지며 자신의 몸이 그 속으로 빠져드는 것 같음을 느꼈다. 제자는 정신이 아득해지고 어찌 할 바를 몰라 그대로 서 있었다.

그때 소태산이 웃으며 말했다.

"성현을 마음의 법으로 찾으려 하지 않고, 몸의 표적으로 찾으려 하는 것은 열등한 사람이나 하는 짓이야."

제자가 정신을 차리고 다시 보니 소태산의 뒷머리에는 아무 흔적도 없었다. 이에 그는 크게 깨달아 다시는 신기한 현상을 찾으려 하지 않고 평생토록 정법만을 받들었다.(소태산)

해월도 성인은 겉보기에는 너무도 평범한 사람이라 했다. 따라서 겉모습에 신경을 쓰고, 쓸데없이 남에게 어떻게 보일까 신경을 쓰는 사람은 성인이 될 수 없다.

그런데 우리는 성자에게서 항상 특별한 면을 찾으려 하고, 또 그런 면이 있어야 그를 신임하고 그에게 조복한다. 여기서 소태산의 제자가 어리석은 사람의 표본처럼 보일 수도 있겠지만, 사실은 이는 바로 우리 자신의 모습이다. 우리에게는 이렇게 신비한 이적을 찾고, 그것을 맹종하며 마음의 평안을 구하려는 성향이 있음을 알아야 한다.

사이비 교주들은 자신이 갖고 있는 대단치 않은 신통술을 이용한다든가, 심지어는 사기술을 이용해 우리의 마음을 빼앗아 사복을 채우곤 한다. 소태산은 이러한 것을 경계한 것이다.

참된 성인들은 가능한 한 이적을 보이려 하지 않는다. 그러나 중생들의 마음을 조복시키기 위한, 교화상의 방편으로 가끔 신통술을 보이기도 한다. 그래서 예수께서는 그에게 하늘로부터 오는 표징을 보여 달라는 바리새파 사람들의 어리석음을 지탄하기도 했지만, 동시에 많은 이적을 보이기도 했다(마가 8:11~12).

여기에서 소태산은 제자의 마음을 교묘히 움직여 환상을 보이고 있다. 불교의 가르침에 의하면, 이 바깥 세계의 모습은 결코 독자적으로 존재하는 것이 아니라 우리 마음이 만들어 낸 혹은 꾸며낸 바(一切唯心造)에 불과하기 때문에, 마음을 어떻게 가지냐에 따라 외계의 모습은 얼마든지 바꿀 수 있다.

우리 보통 사람들은 자신이 만들어 낸 관념, 혹은 마음의 세계에 갇혀 있기 때문에 우리의 마음을 뜻하는 대로 움직일 수 없다. 그러나 성인들은 자신들의 마음뿐만 아니라 상대방의 마음까지도 자유롭게 운

용할 수 있는 능력이 있기 때문에, 위와 같은 환영을 제자에게 펴 보일 수 있었던 것이다.

아마 이때 소태산은 자신의 마음의 파동을 제자의 것에 맞춘 다음, 자신이 먼저 자기 눈앞에 샘물이 펼쳐지고 있다고 상상했을 것이다. 그러면 같은 상상이 같은 파동을 가진 제자 마음에 그대로 전달되어 제자에게도 똑같은 것이 보였을 것이다. 증산도 수제자인 김형렬에게-아마도 같은 방법을 써서-신계(神界)의 모습을 보여준 적이 있고, 예수도 베드로에게 찬란한 하느님의 세계를 환영으로 보여주었다는 이야기가 전해진다.

인연 만들기

소태산이 득도한 이듬해 어느 날, 한 제자를 데리고 영광읍에 장 구경을 나갔다. 어느 집에 들러 잠깐 쉬는 동안, 그 주인에게 물었다.

"이 집에는 안주인이 없습니까?"

주인 남자가 대답하였다.

"소시(少時) 이후로 여자만 얻으면 몇 달도 못 살고 나가 버리기 때문에 이렇게 혼자 몸으로 곤궁히 지냅니다."

소태산이 웃으며 말했다.

"내가 좋은 여자 하나를 골라 줄 터이니 같이 살아 보시겠소?"

그 주인이 반가이 대답하였다.

"그렇게 하여 주시면 천만 감사하겠습니다."

소태산이 그 집에서 한참 동안 앉아 있어 보니 수많은 남녀가 장을 보러 가다가 그 집에 들러 쉬어 가곤 했다. 소태산이 문득 그 가운데 한 여자를 부르더니 이렇게 말했다.

"부인에게 바깥주인이 있습니까?"

"생이별하고 혼자 지냅니다."

소태산이 말했다.

"이 집 주인하고 같이 살면 어떻겠습니까?"

그 여자는 처음에는 대경실색하고 거절하더니, 나중에 그 남자 주인을 대면하고 나서는 살아 볼 뜻을 보였다. 소태산은 그 남녀를 한 자리에 앉히고 이렇게 말했다.

"두 분은 원래 먼 전생에서 아주 사이가 좋은 부부였습니다. 그런데 어찌 된 인연인지 이번 생에는 제 짝을 만나지 못하고 반평생을 이곳저곳을 떠돌아다니면서 갖은 고생을 다하게 되었습니다. 오늘 내가 마침 이곳에 와서 남자 분을 보니 옛 부인을 만날 인연이 다 된 것을 직감적으로 알 수 있었습니다. 그래서 나는 그 부인이 오기를 계속 기다렸던 것입니다. 나는 그저 중간 역할을 한 것에 불과하니 부디 두 분께서는 다시 부부가 되어 재미있게 사십시오."

두 사람은 소태산의 말을 듣고 부모상을 당한 것처럼 함께 흐느껴 울었다. 소태산은 그 집을 나와 장을 보고 돌아가는 길에 제자에게 이렇게 말했다.

"자네는 오늘 내가 이야기한 뜻을 알았는가. 그 두 내외에게 자기들 전생 일을 말해 주었더니 그렇게 흐느껴 울지 않던가. 사람이 살아가는 가운데에는 인연을 만들어 좋은 일을 하는 것이 제일 큰일이라네."(소태산)

이 이야기는 어떤 교훈적인 의미가 있어서라기보다는 평범하고 재미있는 예화라 선택하였다. 사실 원본에는 이 두 남녀가 전생에 사이 좋은 꿩 부부였다는 소태산이 설명이 나오는데, 그것은 독자들이 이해하는 데 무리가 갈 것 같아 뺐다.

아마 성인들은 사람을 보면 그 인연이 돌아가는 바를 금세 알아차리는 모양이다. 하기야 붓다도 인연의 중요성을 이야기하면서 자신도 인연이 있는 중생만을 구제할 수 있다고 하지 않았던가?

붓다가 어떤 미친 사람(앙굴라마라)을 제도할 때의 일이었다. 이 사람은 잘못된 정보를 듣고 사람을 천 명만(?) 죽이면 해탈할 수 있다고 믿고 있었다. 그에 관해 말을 들은 붓다는 직감적으로 이 광인을 제도할 때가 된 것을 알아챘다. 그와의 인연을 느낀 것이다. 그때 마침 이 광인은 999명을 죽이고 나서 마지막 한 사람을 기다리고 있었다. 붓다는 그가 있는 산 속으로 향했다. 붓다가 나타나는 것을 보고 광인은 마지막 희생자가 왔음을 보고 기뻐했다. 그러나 붓다가 가까이 가자 그 광인은 그만 붓다의 위엄에 감복되어 포복하면서 눈물을 흘렸다. 그리고 참회를 한 다음 그의 제자가 되었다.

비슷한 이야기는 예수에게서도 발견된다. 당시 세리(세무공무원)와 창녀의 친구로 불리던 예수가 어떤 마을에 들어갔을 때의 일이었다. 큰 스승이 마을에 드신다는 이야기를 들은 세리 삿개오는 평소에 세리로서 죄의식을 많이 느껴 오던 차에 큰 스승을 멀리서라도 뵙고 그 죄의식에서 벗어나고 싶었다. 삿개오가 동네어귀에 당도했을 때에는 이미 사람이 많이 모여 있었다. 그 큰 스승을 조금이라도 더 잘 보려고 삿개오는 나무 위로 올라갔다. 이 삿개오를 먼발치에서 본 예수님은 직감적으로 저 사람과 인연이 있음을 알아챘다. 그리고 이렇게 말했다. "삿개오여, 오늘은 당신 집에서 먹고 마십시다."라고.

아, 아! 행복한 삿개오여! 그의 숨어 있는 양심이 그를 구한 것이다.

한국적인 비타협 정신

일제 말기가 되면서 조선총독부는 조선 내의 불교 단체를 모두 친일적인 단체로 만들기 위해 혈안이 되었다. 당시만 하더라도 한국은 불교국이었으며, 한국인 대부분은 불교 신도였다. 따라서 불교인만 마음대로 좌우할 수 있다면 한국인에 대한 단속은 손쉬운 일이었다. 이에 총독부는 전국 각 불교 단체를 황도불교화(皇道佛敎化)하려는 계획을 세우고 강력히 진행하였다.

원불교의 전신인 '불법연구회'도 예외는 아니었다. 일제는 지금까지 '불법연구회'가 말로만 자기들에게 복종하며 지도에 잘 따르겠다고만 했을 뿐이지 실제로는 그렇게 행한 실적이 별로 없다고 생각했다. 그래서 소태산으로 하여금 일본을 방문케 하여 천황도 만나고 신사 참배도 하도록 종용하려는 계획을 세웠다. 따라서 곧 소태산에게 일본 방문 지시가 내려왔다. 당시의 사정으로 볼 때 조선총독부의 지시는 피할 도리가 없는 것이었다. 그러나 소태산은 자신이 일본에 갈 수는 없다고 생각했다. 그렇다고 해서 가지 않겠다고 거부하면 조선총독부의 지시를 어기는 것이 되니, 그 다음에 오는 결과가 '불법연구회'의 폐쇄가 될 것은 뻔한 일이었다.

소태산은 짐짓 일본에 갈 준비를 시작하였다. 제자가 지어 올린

국민복도 준비되었다. 마치 일본 경찰관 같은 국방색 복장이었다. 다른 제자는 먼저 부산에 내려가 소태산의 도일을 준비하고 뒤이어 내려간 소태산은 부산 초량 교당에 들렀다. 소태산은 이때 안과에 다니며 안질 치료를 하면서 차일피일 일본 방문 날짜를 미루었다. 일제에게는 안질 걸린 눈으로 어찌 '천황 폐하'를 만날 수 있겠냐고 둘러대면서 말이다(사정이 이렇다면 안질도 역시 소태산이 심력으로 발발시킨 것 아닐까 하는 생각이 든다).

얼마 후, 어떤 제자가 내려와 일본 방문을 안 해도 될 것 같다는 전달을 했다. 그렇게 성화같이 요구하던 일본 방문을 총독부가 스스로 취소했다는 것이다. 그 이유는 잘 알려져 있지 않은데 이것은 참으로 신기한 일이었다. 추측컨대 소태산은 일이 이렇게 돌아갈 것을 알고 슬그머니 일본 방문 날짜를 연기한 것 아닐까 하는 생각이 든다.

그 다음 해에 태평양전쟁이 발발했다. 전쟁이 발발하여 전국이 소란한 중에 총독부는 '불법연구회'를 이 기회에 해산시키느냐 아니면 앞잡이로 이용하느냐에 대해 논란하다가 결국 황도불교로 만들어 이용하기로 결정했다. 그 뒤 불같은 지시가 쏟아져 들어왔는데 소태산은 이를 계속해서 미루다 해방 2년을 앞두고 결국 열반의 길을 택하고 말았다.

소태산이 세상을 떠나자 일제는 더 이상 '불법연구회'에 신경을 쓰지 않으려 했다. 왜냐하면 소태산이 세상을 떠났기 때문에 제자들이 종권 다툼을 할 것이고, 그 결과 '불법연구회'는 자동적으로 분열되고 지리멸렬할 것이라 짐작하고 내버려 두기로 한 것이다.(소태산)

이 글 역시 법문으로서가 아니라 일제하 민족종교의 수난을 한눈에 볼 수 있고, 소태산이 여기에 어떻게 지혜롭게 대처했는가를 알 수 있기에 채택하였다.

당시 한국 불교는 승려들이 대부분 대처승이 되고, 총독부가 조선 불교를 통제하기 위해 만든 전국 본산(本山) 제도에 아주 잘 길들여져 있어 완전히 일본화가 되었다고 해도 될 정도로 황도불교 선양에 앞장서고 있었다. 아울러 당시의 많은 정신적 지도자들이 일제의 회유에 넘어가 결국 변절의 길을 걷게 된다. 이들을 변절시킬 때 일제 당국에서 상징적이면서 실제적인 의미에서 행했던 것이 이들로 하여금 소위 본국 혹은 내지(內地)로 불렸던 일본 섬을 방문하게 하는 것이었다. 당국은 큰 은혜를 베푸는 것처럼 그들로 하여금 일본 '천황'을 '알현'하게 했는데 그렇게 하면 그들 중에 많은 사람들이 감격해 했다고 한다. 그리고 돌아올 때는 그 황은에 감읍하여 완전히 황국 신민이 되어 귀국했다고 한다.

소태산에게도 이러한 회유가 들어온 것이다. 이에 소태산은 동양의 성자답게 유연하게 대처했다. 동양에서는 성숙된 성품을 표현할 때 모나지 않은 것, 튀지 않는 것, 부드러운 것, 삼가는 것 등의 여성적인 덕목에서 찾는데, 소태산도 이것을 따른 것이다. 혹자는 이것을 두고 소태산이 일본 제국주의에 너무 소극적으로 대했다고 비난을 하는데, 이때 만일 소태산이 요즈음의 과격한 투사들처럼 일제에 정면으로 대항했다면, 오늘날의 원불교는 존재하지 않았을지도 모른다.

일반적으로, 인도의 성자이자 독립 투사였던 간디를 전 세계 인민이 추앙하는 성인으로 만든 것은 인도의 저력과 더불어 영국의 신사적인 식민 통치 지배(?)도 큰 요인이 되었다고 말한다. 그런데 만일 일제가 인도를 지배했다면 인도의 기본적인 정신문화를 비롯해, 모든 문화를 약탈하고 말살시켜, 간디와 같은 성인이 나올 가능성조차 막아 버리지 않았을까 하는 생각이 든다. 우리가 일본을 용서하기 힘든 이유는 바로 그들이 우리 민족과 문화를 지구상에서 영원히 말살시켜 버리려고 했다는 데에 있다. 이런 악질적인 식민 지배에서 살아남을 수 있는 방법은 소태산 식의 비타협 정신뿐 아닐까?

그런데 그런 소태산도 해방을 두 해 남기고 더 이상 버틸 수 없었던지 열반에 들고 만다. 이것을 두고 원불교단에서는 소태산의 이 죽음이 천수를 다한 것이라기보다는 교단을 보호하기 위해 스스로 택한—성인들은 오고 감을 자유롭게 할 수 있기 때문에—자의적인 죽음이라고 말한다. 소태산은 이미 그렇게 마음을 먹고 있었던지 열반 직전에 가서는 경전 만드는 일을 급히 서둘렀다고 한다.(요즘 원불교 교단의 분석에 의하면 소태산의 사망원인은 심장 계통 질환이었는데 당시의 의술로서는 알아내기 힘든 병이었다고 한다.)

한국은 세계에 윤리를 제공할 나라

소태산의 어떤 제자가 유독 한문을 중시하자 소태산은 이렇게 주의를 주었다.

"종교적 가르침은 특정한 문자로만 표현되는 것이 아니니 더 이상 한문만 고집하지 말게. 앞으로는 모든 경전이 누구나 다 이해할 수 있는 쉬운 말로 편찬될 것이네. 이것과 관련해서 한 가지 더 언급하고 싶은 것은, 앞으로는 한글로 된 경전을 세계 사람들이 번역하고 배우는 날이 멀지 않아 온다는 사실이네."

(소태산)

교단 안에는 소태산에 관한 이런 이야기가 전해진다.

소태산의 한문 실력은 그가 초년에 한문 수학하던 것을 그만두었기 때문에 그다지 뛰어나지는 않았다고 한다. 이것을 익히 알고 있던 제자 중의 한 사람은 자기의 한문 실력을 믿고, 한문에 관한 한은 자신이 스승보다 낫다는 자만심을 갖고 있었다. 게다가 이 제자는 소태산보다 나이가 많았다. 이에 소태산은 이 제자의 버릇을 고쳐 주려고 어느 날 제자에게 한시(漢詩) 짓기 내기를 제안했다. 자신감을 갖고 기꺼이 응했지만 제자는 이상스럽게도 소태산이 불러주는 한시 구절을 도저히 따라 적어 낼 수가 없었다. 우선 소태산이 너무나도 어려운 한

자를 사용했기 때문에, 글자조차 적어 내지 못했던 것이다. 그렇다면 성자들이 이렇듯 생이지지(生而知之)처럼 보이는 것은 도대체 어떻게 가능한 것일까?

비슷한 일이 근세 인도 최고의 요기였던 라마크리슈나에게도 있었다. 정식 학교 교육을 제대로 받지 못해 힌두교 철학에 능통하지 못한 그에게 하루는 당대 최고의 인도 철학자가 찾아온다는 전갈이 왔다. 철학적인 어려운 용어를 모르는 그는 이 학자를 만나기 전에 자기가 신봉하는 신에게 간절히 기도했다. 기도 덕택이었던지 라마크리슈나는 그 인도 철학자를 만나자, 이전에는 전혀 쓰지 않았던 그리고 자기도 모르는 어려운 철학 용어를 써 가며 대답을 했다. 그 철학자는 돌아가며 이렇게 정교한 철학 이론은 처음 들었다고 실토했다고 한다. 이러한 일이 어떻게 가능했을까?

끝으로 소태산은 한글로 된 경전을 세계인들이 번역을 해 가면서 배운다고 했는데, 이것은 우리나라가 앞으로 세계를 이끌어 갈 도덕 문명국이 된다는 이야기와 통한다. 다시 생각해 봐도 소태산이 당시의 암울했던 환경 속에서 어떤 확신으로 우리나라가 세계에 새로운 윤리를 제공할 나라가 될 것이라고 주장했는지 의아스럽기만 하다.

사려 깊은 순간의 기지

안동에 사는 김씨 부인이 아랫목에 갓난아이를 뉘어 놓고 밖에 나간 사이에, 말썽꾸러기 시동생이 벽장에 들어가서 꿀을 몰래 먹고 있었다. 그런데 형수의 문 여는 소리에 깜짝 놀라 뛰어내리다 갓난아이를 밟아 죽이고 말았다. 이런 경황 속에서도 김씨 부인은 아이가 갑자기 경풍이 나서 죽은 것으로 처리하고 시동생에게 당부하였다.

"지금부터는 정신을 차려 공부를 열심히 해야지 만약에 또 말썽을 부리면 아버님께 여쭈어 중벌을 내리시게 하겠으니 어찌할 것이오?"

시동생은 온몸을 덜덜 떨며 다짐을 하였다.

"아무튼 죽을힘을 다해 공부하겠습니다."

그때부터 이 시동생은 부지런히 공부하여 그의 형과 더불어 높은 벼슬에 오르게 되었다. 그 후, 형님 환갑 때 관찰사, 군수 등 고관들이 와서 형님이 덕을 찬양하게 되었는데 아우가 말을 하였다.

"우리 형님도 장하지만 제가 생각하기에는 우리 형수님의 심덕(心德)으로 우리 집안이 이렇게 된 줄 압니다."

하고 지난 이야기를 하였다.

"그때에 만일 우리 형수님이 보통 부인들처럼 좁은 소견으로 일을 처리했다면 나는 어떻게 되었으며 우리 집안은 어떻게 되었겠습니까?"

그리고 형수에게 큰절을 올리니 형님도 일어서서,

"나도 처음 듣는 이야기요, 내 아내지만 참으로 어진 부인이오."

하고 같이 큰절을 해, 그 자리에 앉아 있던 관찰사와 군수들도 일어나 함께 절하고, 조정에 이를 알리어 크게 표창 받도록 하였다 한다.(정산)

정산 종사의 법설 중 하나이다.

남 판단하지 않기

황희 정승이 민정을 살피기 위하여 어느 농촌을 지나다가 소 두 마리로 쟁기질하는 농부를 보고 큰소리로 물었다.

"노랑 소와 검정 소 가운데 어떤 소가 더 쟁기질을 잘 하오?"

농부가 황희 정승에게 가까이 다가와서 가만히 귀에다 대고 대답했다.

"검정 소가 더 잘 합니다."

황희 정승이 이상히 여겨 또 물었다.

"거기서 대답해도 될 것을 여기까지 나와서 귀엣말로 하는 이유는 무엇이오?"

농부는 여전히 작은 소리로 대답했다.

"아무리 짐승이지만 잘 못한다 하면 섭섭하지 않겠습니까?"

황희 정승은 이에 느낀 바 있어 그 후로는 남의 잘못을 드러내는 말을 하지 않았다고 한다. (정산)

이미 잘 알려진 이야기이지만 정산이 제자들에게 한 법문 가운데에 포함되어 있고, 그 의미를 다시 한 번 되새겨 볼 만한 가치가 있어 고른 것이다.

윗글이 시사하는 바는 무엇보다도 생명존중 사상이라고 생각된다.

누구도 자신이 공개적으로 다른 사람의 평가 대상이나 비판 대상이 되는 것을 좋아하지 않는다. 자신이 대상화되는 것을 싫어하기 때문이다. 그래서 우리 조상들은 어떤 이의 잘못을 그 자리에서 대놓고 비판하거나 평가하기보다는 간접적으로 둘러대서 표현해 그 사람의 감정이 상하지 않게끔 크게 조심을 했다. 이것은 개개인의 인격을 소중하게 생각한 까닭이다.

게다가 현명한 우리 조상들은 사람들에게만 그러한 주의를 한 것이 아니라, 그 대상의 영역을 넓혀 동물들에게도 인간에게 하는 것 같이 대했고, 그것의 적절한 예가 바로 윗글에 나타나 있다.

심지어는 그 대상을 무생물에게까지 확대해, 집이 드는 데에서는 이사 간다는 이야기를 해서는 안 된다고 옛 어른들은 말해 왔다. 이 모두에는 자연 전체, 그중에서도 우리 주위에 있는 사물들을 살아 있는 것으로 보는 생명존중 사상이 강하게 반영되어 있다.

서양식 문화에서는—이제는 우리 사회에도 만연해 있지만—무생물이나 동물에 대한 배려가 없는 것은 말할 것도 없고, 인간들에 대해서도 잔인할 정도로 냉정하게 평가해 버리고 인사 처리하는 것을 많이 볼 수 있다. 이런 식의 개인에 대한 판단 혹은 비판은 서양과 같은 개인주의 문화권에서만 가능한 것이지 우리나라와 같이 집단의 구성원 사이의 정을 중시하는 집단주의 문화권에서는 적절치 않은 일이다.

스스로에게 다짐하는 수행

한 중인(中人)이 아들을 잘 가르쳐 아들 덕에 양반이 되어 보려고 아들을 서당에 보내 공부를 시켰습니다. 아들이 공부를 하지 않고 게으름을 부리면 그때마다 어린 아들을 아랫목에 앉혀 놓고 큰절을 나붓이 하면서,

"도련님 덕분에 양반 한 번 되어 봅시다."

하고 말하였습니다. 어린 아들은 아버지한테 큰절을 받는 것이 매보다 더 무섭고 황송해서 부지런히 공부하여 큰 인물이 되었고, 따라서 그 중인은 양반 대우를 받았다고 합니다. 이처럼 수도인은 공부를 할 때 새벽 일찍 일어나서 단전을 붙잡고 단전호흡과 같은 수행을 하면서, "도련님 덕분에 양반 한 번 되어 봅시다." 하는 신념으로 부지런히 정진을 계속하면 누구나 부처의 인격을 이룰 것입니다. (정산)

이 글은 정산이 제자들에게 들려 준 이야기로, 수행에 임하는 사람의 마음가짐을 말하고 있다. 여기에서 말하는 양반은 우리에게 원래부터 갖추어져 있는 불성(佛性)과 같은 완전한 인격을 말한다.

이심전심

정산이 처음으로 소태산에게 왔을 때, 소태산은 토굴을 파서 정
산을 그 안에서 공부하게 하고 한 여제자로 하여금 식사를 공급
하도록 했다.

그런 후 어느 날, 고향에서 정산의 부친이 왔다. 때가 되어 여제
자가 밥상을 들고 굴속으로 들어가니 정산이 물었다.

"아버님이 오셨지요?"

"예."

제자가 정산에게 대답하고 밖으로 나오니 이번에는 소태산이
물었다.

"그 사람이 아버님이 오신 줄을 알고 있지?"(정산)

성인들은 이렇듯 서로의 마음을 꿰뚫고 있는 모양이다. 이 글은 별
다른 내용이 있어서라기보다 성인들의 마음 세계를 극히 단편적이나
마 알 수 있게 하는 일화라 포함시켰다.

부록

개벽시대의 스승 이야기

1. 수운 최제우와 해월 최시형

수운(水雲) 최제우(崔濟愚. 1824-1864)는 1824년 10월 28일 지금의 경상 북도 월성군(현 경주시) 현곡면 가정리에서 태어났다. 그의 아버지 근암 (近菴) 최옥은 유학에 조예가 깊은 선비였으나 벼슬은 하지 못했다. 두 아내를 사별하고 후사를 두지 못해 고심하던 중 마침 이웃마을에 살 던 과부 한씨를 맞아 아들을 보게 되니 그가 바로 수운이다. 이때 근 암공의 나이 63세. 그러나 이렇게 뒤늦게 얻은 한씨 부인도 곧 사별하 게 된다. 따라서 모친 없는 수운은 할아버지 같은 홀아버지 밑에서 성 장하게 된다. 이것은 수운으로 하여금 세상에 대해 염세적인 생각을 갖게 하는 중요한 요인이 되었으리라.

종교적 천재들을 보면 많은 경우 수운과 같이 불우한 환경에서 자 란다. 이 때문에 그들은 진작부터 이 세상이 아닌 다른 세상에 더 많 은 관심을 갖게 된다. 또 종교적 천재들은 감수성이 대단히 예민한 사 람들이다. 따라서 세상에 대한 비판도 다른 사람보다 강하다. 수운도 예외는 아니었다. 그는 어려서부터 아주 총명했다고 하나 세상에 대해서는 대단히 부정적이었다고 한다.

부친의 극진한 훈육 속에서 유학적 수양을 깊이 쌓아 갔으나 그는 과거에 응시할 수 없는(재가녀의 자손이었으므로) 자신의 처지에 깊이 절망하지 않을 수 없었다. 게다가 17세 때에는 부친마저 돌아가시고 19세 때에 울산 박씨를 맞아 혼인은 하였으나 20세 때 집에 큰불이 나서 당장의 호구지책을 걱정해야 하는 처지가 되고 말았다.

이때부터 수운은 기존의 유학에 미련을 버리고 세상을 건질 큰 도(道)를 배우고자 하는 일념으로 세상으로 나아갔다. 이때 수운은 장사도 하고, 의술·점술 등의 여러 잡술을 배우기도 했으며 서당에서 글을 가르치기도 했다. 주유(周遊)하는 동안에 생겨난 일화로는 집의 노비를 해방시켰던 일도 있고(나중에 수운은 이 노비 중에 한 사람은 딸로 삼고 다른 한 사람은 며느리로 삼는 등 신분차별 폐지의 평등주의를 몸소 실천해 후천개벽시대의 새 윤리 체계를 만들어 낸다.), 어떤 알 수 없는 승려로부터 이서(異書, 이를 '乙卯天書'라고 한다)를 받고 3일 만에 그 뜻을 터득하는 등의 일이 있었다고 한다. 이와 같이 세상을 두루 돌아본 수운은 세상이 이렇게 어지럽게 된 것은 사람들이 천명을 따르지 않은 때문이라는 결론을 내린다.

천명, 즉 한울님의 뜻을 알아 내는 방법으로서 수도를 집중적으로 하기 위해 수운은 33세가 되는 1856년과 그 다음 해인 1857년에 두 차례에 걸쳐 경남 양산에 있는 천성산(千聖山 내원암, 적멸굴)에 들어가 49일 동안 집중적인 명상을 한다. 수운은 이러한 강도 있는 수도를 통해 나름대로 자신을 얻고 중생구제에 대해 사명감을 갖게 된다. 깨닫기 1

년 전인 1859년 수운은 자신의 이름을 제선(濟宣)이라는 본명에서 어리석은 백성을 구한다는 뜻의 제우(濟愚)로 고쳐 한층 더 종교적이며 구세주적인 모습을 갖추게 된다.

그러던 가운데 그 이후의 모든 동학 운동을 가능케 했던 가장 중요한 종교적 체험이 수운 나이 37세인 1860년 4월에 일어났다. 갑자기 몸이 마구 떨리고 공중에서 소리가 들리면서 상제로부터 인류 구제의 대운을 받게 된 것이다. 수운 자신의 표현에 따르면 꿈꾸는 건지 깬 건지 분별을 못하고 정신 수습도 못한 채 공중에서 천지가 진동하는 소리를 들었다고 한다. 이에 대해 수운의 말을 직접 들어보자.

> 뜻밖에도 이해 4월 어느 날 나는 마음이 아찔아찔하고 몸이 부들부들 떨렸다. 병이라 해도 무슨 병인지 알 수 없고, 말하려고 해도 형용할 수 없었다. 이 순간에 어떤 선어(仙語)가 문득 들려 왔다. 나는 소스라쳐 일어나 캐어 물었다. 그러자 하느님(한울님)은 대답하시기를,
> "무서워 말고 두려워 말라! 세상 사람들이 나를 상제(上帝)라고 부르는데, 너는 상제도 알지 못하느냐!"
> 나는 다시 하느님(한울님)이 이렇게 나타나시는 까닭을 물었다.
> 하느님(한울님)이 대답했다.
> "나도 역시 일한 보람이 없었다. 그러므로 너를 이 세상에 나게 하여 이 법(法)을 사람들에게 가르치려고 한다. 부디 내 이 말을 의심하지 말라!"

나는 다시 물어 보았다.

"그러면 서교(西敎: 그리스도교)로써 사람들을 가르치라고 하시는 겁니까?"

하느님(한울님)이 대답하였다.

"그렇지 않다. 나는 영부(靈符)를 가지고 있는데, 그 이름은 선약(仙藥)이고 그 모양은 태극(太極)이기도 하고 궁궁(弓弓)이기도 하다. 나로부터 이 영부를 받아 사람들을 질병에서 구해 주고, 나로부터 주문(呪文)을 받아 사람들을 가르쳐서 나를 위하게 하라! 그러면 너도 장생(長生)하여 천하에 포덕(布德)할 것이다."

(이상 이병도 외 역, 『한국의 민속종교사상』, 삼성출판사, 1977, 449쪽 참조, 필자 수정)

이런 체험이 있은 후 수운은 바로 포교하지 않고 1년이 지나서야 포교를 시작했는데(申酉布德, 1861) 뜻밖에도 따르는 사람이 많았다.

해월이 수운의 제자가 된 것은 바로 이 무렵의 일이다. 따르는 사람이 자못 많아서였던지 수운의 종교 활동은 아이러니컬하게도 서학이라는 지목을 받고, 가까운 사람의 중상은 물론 관헌의 탄압을 받기 시작한다. 이 탄압을 피해서 수운은 그해(1861) 늦가을에 경주를 떠나 전라도 지방(남원 은적암)에 가 있다가, 그 다음 해인 1862년에 경주로 돌아온다. 그럼에도 그해 9월에는 관헌에 체포되었다가 제자들의 탄원으로 곧 풀려난다. 이 사건은 오히려 동학의 정당성을 부여해 주게 되어 교도들이 더욱 더 늘어나는 계기가 되었고, 수운은 조직적인 신도

관리를 위해 접주제(接主制)라는 교회 체제를 마련한다.

이때부터 약 2년 동안 동학은 꾸준하게 신장되어 갔다. 그러나 동학의 세가 신장될수록 관의 압박도 강해져 갔다. 이러한 상황을 누구보다도 잘 알고 있던 수운은 1863년 8월 동학의 장래를 해월에게 맡긴다. 그리고 자신은 예견이나 한 듯 몇 달 뒤인 그해(1863년) 12월에 체포되어 대구 감영으로 압송된다. 그리고 이듬해(1864) 3월 10일에 목이 잘리는 효수형으로 순도한다. 당시 수운은 41세였다.

동학 2대 교주이자 실질적으로 동학을 정착시키는 데 성공했던 해월 최시형(海月 崔時亨, 1827-1898)은 수운보다 세 살 아래였고 고향도 같은 경주였다. 5세 때 어머니를, 12세 때 아버지를 잃은 해월은 수운처럼 의지할 곳이 없어 불우한 어린 시절을 보냈다. 17세 때에는 제지소에서도 일한 적이 있는데 고아였음에도 불구하고 주위로부터 근면과 성실을 인정받았다. 그러던 중 35세 때 해월은 동학에 입도한다. 이렇듯 순박하고 성실했던 그의 성품은 동학에 입도한 다음에도 변치 않았다. 그 신심과 정진은 아무도 따를 수 없어, 동학에 들어온 지 2년 만에(1863년) 수운의 후계자로 선정된다. 수운이 대구에서 처형되면서 동학은 불법적인 사교(左道/西學)로 낙인 찍히고 따라서 해월은 지명 수배된 중죄인의 처지에 놓이게 된다. 그런 까닭에 그 뒤로 그는 줄곧 은신하는 생활을 이어갔다.

은신도 한 군데에서만 한 것이 아니라 경상도 북부, 강원도, 충청도 등으로 피해 다녔다. 그러던 중에도 1871년에는 교조(수운)가 무죄임을 밝히는 신원을 위해 봉기하자는 이필제와 함께 결국 3월 10일(수운 이 순교한 날) 폭력 시위를 일으켰고 결과는 참담한 실패로 끝난다. 그러나 이 사건으로 동학교도들은 더욱 관헌의 지목을 받게 되고 해월의 신변은 극히 위험해진다.

그 뒤 해월은 단양군의 어느 농가에서 머슴 일을 하기도 하고 영월이나 소백산에 있는 암굴에서 초근목피로 지내다 영월군 직곡리에 있는 나무꾼 박용걸(朴龍傑)의 집에서 기거하면서 동학 세력의 회복/확산에 힘쓰게 된다. 그 사이에 자신의 처인 손씨가 단양의 감옥에 갇힌다든가 수운의 장자인 세정이 관헌에 붙잡혀 죽임을 당하는 등 고난이 이어졌지만 계속 포덕에 힘써 나갔다. 그리고 1880년에는 인제에 경전간행소를 설치하고 한문체 경전 『동경대전』, 그 다음 해에는 단양에서 한글 가사체 경전 『용담유사』를 출판한다.

이와 같이 포교에 힘쓴 결과 수운 최제우가 처형되고 약 20년이 지난 1880년대 후반 이후에 동학은 놀라운 신장세를 보였다. 그 사이에도 동학에 대한 탄압은 끊이지 않았지만 어느 정도 세력 신장에 자신을 갖게 된 동학 지도부는 그동안 다져온 실력을 기본으로 신앙의 자유를 위한, 좀 더 강력한 투쟁을 하기 위해 1892년부터 교조신원운동이라는 새로운 투쟁을 시작한다.

그해에 해월은 전라도 공주와 삼례에서 수운의 무고함을 증명하고, 동학 탄압의 금지, 즉 동학 포덕의 자유를 이끌어 내기 위해 청원서를 보낸다. 1893년에는 서울 광화문 앞에서 수많은 동학도들이 엎

드려 상소를 했으나 별로 신통치 못한 답을 얻었을 뿐이다.

같은 해 3월에는 보은에서 다시 큰 탄원 집회(보은취회)를 갖고 정부 관료와의 담판 끝에 평화적으로 해산하게 된다. 그런데 예나 지금이나 변하지 않는 것은 이렇게 범국민적인 저항을 당했을 때 정부가 보이는 태도이다. 즉 처음에는 많은 것을 들어줄 것처럼 호도하여 일단 해산시키고 난 다음에 곧 강압적인 탄압책을 써서 그 저항을 무마시키려는 것이 그것이다.

이때에도 정부의 일관성 없는 기만적인 정책으로 젊은 동학도들은 대정부 강경 투쟁책을 주장하기에 이르렀고, 이것이 집약되어 일순간에 터져 나온 것이 1894년에 일어난 동학혁명이다. 동학혁명에 대해 자세한 것은 익히 알려져 있으므로 그 자세한 설명은 생략한다. 해월은 처음에는 전봉준의 무력 투쟁에 찬성하지 않았다고 하지만, 최근 들어서는 해월과 전봉준이 처음부터 협력 관계에 있었음이 밝혀지고 있다. 동학군과 관군이 전주에서 화약을 맺고 소강상태에 들어갔던 동학혁명은 일본군이 경복궁을 침탈하고 동학도 토벌에 나서자, 9월 18일 해월이 충청도 청산에서 총기포령을 내려 전국적으로 봉기하였다. 그러나 동학혁명은 일본군의 강력한 무력에 의해 결국 진압된다.

그 뒤 다시 지하 포교에 힘쓰던 해월은 자신의 명이 얼마 남지 않음을 감지하고 1896년 3월에 의암(義菴) 손병희에게 직무를 대행시키고, 1897년 12월에는 도통을 물려준 뒤, 자신은 1898년 4월 5일(음)에 체포되어 같은 해 6월 2일(음)에 교수형을 당한다. 해월이 동학에 투신한 지 37년 만인 그의 나이 72세 때의 일이었다. 해월은 처형을 당한 9년 뒤인 1907년 7월에 스승 수운과 더불어 신원이 이루어진다.

2. 증산 강일순

수운이 대각을 얻은 지 40년이 지나서 전라도 고부 땅에 동학과는 다른 대각을 얻은 이가 나타났으니 그가 곧 증산(甑山) 강일순(姜一淳, 1871-1909)이다. 그를 신봉하는 교단을 보면 한때 80개 이상의 종파가 있었다고 하는데, 현재(2014년)에도 계열 종파가 적지 않은 것으로 알려져 있다. 그 가운데에서도 일제 강점기에는 속칭 차천자교라고 불리던 보천교가 당시 수백만 신도를 자랑할 정도로 규모가 컸고 현재에도 대순진리회나 증산도와 같은 굴지의 신흥교단이 있어 한국 종교계에 큰 영향력을 발휘하고 있다.

증산이 태어난 곳은 전라도 고부, 현재의 정읍(㈜) 땅으로, 그의 가계는 대대로 농업에 종사해 왔다. 증산교단의 대표적 교전인『대순전경(大巡典經)』을 보면 늘상 위인들의 탄생에는 이적이 개입되듯이 증산이 태어날 때에 증산의 모친은 태몽으로 하늘이 남북으로 갈리면서 커다란 불덩이가 내려와 그녀의 전신을 감싸는 꿈을 꾸었다고 한다. 이렇게 태어난 아기 증산은 양미간에 불표(佛表)가 있었고 왼손바닥에는 별 무(茂) 자가, 아래 입술에는 붉은 점이 있었다고 한다.

중산은 어릴 때부터 관후한 성품과 총명을 자랑했다. 그가 천자문을 배울 때 이런 일이 있었다고 한다. 중산이 하늘 천(天) 자와 땅 지(地) 자를 따라 읽고 더 이상 읽지 않자 그 까닭을 물으니 '천' 자에서 하늘의 이치를 알고 '지' 자에서 땅의 이치를 다 알았는데 무엇을 더 공부할 필요가 있겠느냐고 대답했다는 것이다. 그는 집안이 넉넉하지 못해 남의 집 고용살이까지 하면서도 틈틈이 공부에 진력했던 모양이다. 21세가 되면서 다리가 불편한 정씨를 부인으로 맞아들이는데 그 뒤 처가에서 훈장 노릇을 하면서 마침 그곳에 소장된 유불선 등 제자(諸子)류의 서책이나 음양참위 등에 관한 책을 접해 나름대로 학문을 닦았다고 한다.

당시 전라도 지방에는 동학이 큰 세력으로 성장해 고부 지방에도 그 세가 상당했다고 하는데 이 때문에 자연스럽게 중산도 이때의 동학에 참여했다는 설이 있으나 확실한 것은 알 길이 없다. 사정이 어떻든 그는 그때 동학으로서는 뜻을 이룰 수 없다는 것을 깨닫게 된다. 특히 같은 지방에서 일어난 전봉준의 동학혁명에 회의를 품은 중산은-중산은 전봉준의 동학혁명이 실패하리라는 것을 예측하고 동학농민군의 뒤를 따라 다니면서도 이에 직접적으로 가담하지는 않았다-당시의 혼란한 세상을 구할 수 있는 길은 기성종교나 인간의 능력에 있지 않고 오로지 신명(神明)의 힘에 의존하는 데에 있다고 믿게 되었다. 그리하여 그 뒤로 중산은 신명을 부리고 바람이나 비를 부르는 등의 온갖 도술을 마음대로 할 수 있는 도통공부(道通工夫)를 하는 데에

골몰한다.

이렇게 몇 년이 지나자 수운이 그러했듯이 증산도 27세에 세상을 경험하고 견문을 넓히기 위해 약 3년 간 전국을 주유하게 된다. 이때 만났던 사람들 가운데에는 충남 비인(庇仁) 사람인 김경흔과 충남 연산(連山) 사람인 김일부(金一夫)가 있었다고 한다. 학자들의 연구에 의하면 김경흔에게서는 그 후로 증산교에서 가장 중요시 되는 주문인 태을주(太乙呪)를 부여받았다고 하고 김일부에게서는 후천시대의 새로운 역(易)인 『정역(正易)』을 배웠다고 한다.

3년 간의 유력 생활을 마치고 돌아온 증산은 그 해 조상들의 공명첩(功名帖)을 불태우는 등 전통적인 유교와의 결별을 상징적으로 나타내는 행동을 한다. 또 때로는 도통공부를 한다고 마을 뒷산을 오르락내리락하면서 호랑이처럼 고함을 지르기도 했다고 하는데 그 때문에 마을 사람들은 모두 그를 미친 사람 취급했다고 한다.

다음 해(1901년) 7월 증산은 도통공부에 전력하기 위해 입산수도를 결심하고 전주 모악산(母岳山)의 대원사(大願寺)로 들어간다. 우리는 증산이 그 안에서 무슨 일을 했는지 전혀 알 길이 없다. 다만 들어간 지 9일 만에 도를 이루었다고 하는데 이것은 다름 아니라 그가 신명과 접하여 호풍환우(呼風喚雨) 등의 모든 도술 조화를 부릴 수 있는 등의 능력과 신명계와 인간계의 모든 일을 다 알고 행할 수 있는 능력을 얻었다고 전한다. 그리고 더 나아가서는 선천시대의 잘못된 천지도수(天地度數)를 뜯어 고쳐 후천세계를 개혁할 수 있는 권능을 증산이 갖게 된 것이라고 할 수 있다.

　증산에게 첫 번째 제자가 생긴 것은 그 다음 해의 일이었다. 동학교
도였던 김형렬(金亨烈)이 바로 그 사람인데, 얼마 동안 증산은 그의 집
을 본거지로 포교를 시작한다. 이때 증산은 제자들에게 자신은 전체
신명계의 우두머리격인 구천상제(九天上帝)로서 삼계(三界)의 대권을 주
재(主宰)하며 조화로써 천지를 개벽하고 조화정부(造化政府)를 열어 고
해에 빠진 중생을 건지러 왔다고 주장한다. 그리고 그 작업을 위해 천
지공사를 행한다고 말하고 제자들에게는 남에게 죄를 짓지 말고 죄
를 멀리하여 순수한 마음으로 천지공정(天地公庭)에 참여하라고 부탁한
다. 그 뒤 점차로 증산의 이름이 알려져 차경석(車京石), 안내성(安乃成)
등과 같은 제자들이 모여 들었다. 그의 제자들은 수제자로서 24명 혹
은 28명이 있었다고 하고, 그 외에도 경위를 잘 모르는 30여 명 등 모
두 60여 명 안팎이었다고 한다. 증산은 이 가운데 몇 명씩을 대동하고
금구(金構), 전주(全州), 익산(益山), 함열(咸悅), 태인(泰仁), 정읍(井邑) 등 지
금의 전북 지방을 돌아다니면서 그 특유의 천지공사를 행하는가 하
면 어떤 때에는 제자들을 한 장소에 수십 명씩 모아 놓고 며칠씩 집단
수련을 시키기도 하였다.

　이러한 집단적 성향 때문에 그의 집단은 계속해서 관헌의 사찰을
받는다. 그러다 드디어 1907년 고부에서 증산은 제자들과 함께 의병
의 혐의를 받고 체포된다. 혹독한 고문을 받은 증산은 40여 일 만에
풀려 나왔으나 많은 제자들이 증산의 능력에 회의를 품고 떠나 버려

그의 교단은 크게 위축된다. 증산은 이 손실에서 회복하지 못하고 2년 뒤인 1909년 앞으로 세상을 덮치게 될 괴질 하나만을 남기고 모든 병을 대신해서 앓는 것으로 후천세계의 병을 모두 없애는 천지공사를 한 뒤 속절없이 세상을 떠나고 만다. 그 뒤 증산으로부터 지정된 법통을 이어받지 못한 제자들은 교주 화천(化天)의 충격을 극복한 뒤 저마다 교파를 세우기 시작해 바야흐로 증산교는 난립의 상태로 접어들어 오늘날까지도 수십 개의 파가 존재하는 형국이 되었다.

이상과 같은 증산의 간단한 전기에서도 알 수 있듯이 증산은 한마디로 이해하기 힘든 사람이다. 증산을 인정하지 않는 사람은 그저 그를 미친 사람으로 볼 것이고, 증산을 따르는 사람들은 그가 이 세계 혹은 우주 최고의 주재자라고 믿고 있어 그 평가에 있어서 천양지차가 나는 것을 알 수 있다. 그러나 그런 복잡성에도 불구하고 그의 사상의 핵심은 해원사상에 있다. [그의 사상적 구조에 대해서는 필자가 쓴 「증산의 가르침에 나타나는 혼합주의의 구조」(『종교신학연구』제 2집, 서강대학교 종교신학연구소, 1989)와 「왕중양(王重陽)과 강증산(姜甑山)의 삼교합일주의(三敎合一主義)」(『종교연구』제5집, 한국종교학회, 1989)를 참고 바람.]

복잡한 설명은 위의 논문에 미루고 그의 사상은 다음과 같은 그의 말로 간단하게 요약될 수 있을 것이다. '남이 자신을 때리면 그 때린 손이 아프지 않느냐고 위로하라.'는 가르침에서 알 수 있는 가없는 사랑과, '밥을 반 공기라도 얻어먹으면 그 은혜는 꼭 갚아라.'는 데에서 알 수 있는 크나큰 보은지심(報恩之心)이 그것이다.

3. 소태산 박중빈과 정산 송규

현재 우리나라의 종교계를 돌아볼 때, 한국에서 자생한 전통종교 가운데 가장 착실하게 성장해 온 종교를 들라고 하면 주저 없이 원불교를 꼽을 수 있다. 종교학적으로 볼 때도 원불교는 교단(세력 신장)의 안정기에 들어간 것으로 보인다. 또 다른 신종교와는 달리 국내에서 국외로 눈을 돌려 해외 선교에도 크게 신경을 쓰고 있는 실정이다. 무릇 모든 종교가 다 처음에는 일천하게 시작하듯이 원불교도 예외는 아니었다. 집 몇 채로 시작한 익산(이리)의 원불교 중앙총부가 오늘날 저렇게 커지리라고는 누가 상상했겠으며, 방 두 칸으로 시작한 원광대학이 저렇게 좋은 교정을 가진 굴지의 사립 명문교로 성장하리라고 누가 알았겠는가?

그뿐만이 아니다. 원불교는 한국 종교 가운데에 유일하게 미국에 주정부 인가의 대학원 대학을 세운 것도 잊어서는 안 된다(불교나 기독교도 미국의 주정부가 인정하는 학교를 세우지 못했다). 이 모든 것의 원동력을 생각해 보면, 물론 교도들의 작은 힘들이 모여서 현재의 원불교를 이룩한 것일 테지만 그럼에도 불구하고 잊어서는 안 될 것은 교조 소태산의 카리스마적인 크나큰 법력이다.

오늘날 원불교의 원동력이 된 소태산(少太山) 박중빈(朴重彬, 1891-1943)은 증산보다 20년 늦은 1891년 5월 전남 영광의 궁벽한 마을에서 태어났다. 종교적 천재들이 늘 그렇듯이 소태산은 어릴 때부터 종교 문제에 대단히 민감했다. 보통 그의 구도 과정을 7세부터 잡는데 그 어린 나이에 그는 이미 우주 자연의 현상에 대해 큰 의문을 품었다고 한다. 가령 '하늘은 얼마나 높고 큰 것인가?' '저 하늘에 바람과 구름은 어떻게 일어나는가?' 하는 질문이 바로 어린 소태산이 당시에 품었던 질문이었다. 대단히 조숙한 아이라 하지 않을 수 없다. 이러한 의문을 항시 품고 있었던 그는 11세 때 시향제(時享祭)에 참석하여 산신에게 제사하는 것을 보게 된다. 그리고는 자신의 의문을 풀기 위해 산신을 만날 것을 결심하고 약 4년 동안 지성으로 기도하였다. 그러나-당연한 일인지도 모르지만-소태산의 지극한 정성에도 불구하고 산신을 만나는 일은 실패로 돌아간다.

15세 때 결혼하여 그 다음 해에 인사차 처가에 가게 된 소태산은 우연히 마을 사람들이 신소설을 이야기하는 가운데 도사에 대한 이야기를 듣게 된다. 이것이 계기가 되어 그때부터 그는 산신 대신 도사를 만나 자신의 의문을 풀어 보겠다는 결심을 한다. 그래서 풍채 좋은 거지를 데려다 극진히 대접하기도 하고 아버지의 소개로 도술을 부린다는 사람을 모셔다 그 방법을 배우기도 하지만 결국 5년 동안 또 헛수고를 하게 된다. 설상가상으로 자신을 계속 후원해 주던 아버지마저 세상을 뜨게 된다.

이때부터 가업을 전담하게 되는 소태산은 부친의 죽음과 한일합방이라는 충격을 당하고 나서 비로소 세상 사람들과 관계하기 시작했다. 농사일도 해 보고, 밥집도 해 보고, 장사도 해 보는 과정에서 많은 사람들과 접촉할 수 있었다. 그러나 그의 의문은 다시 '이 일을 장차 어찌할꼬?' 하는 형태로 더욱 깊어만 갔다. 어떤 때는 엄동설한의 찬방에서 이불도 없이 앉아 그 의문에 빠진 적도 있고, 혹은 저절로 떠오르는 주문을 외우는 등 그의 구도의 열성은 하늘에 뻗쳐서 쉼이 없이 계속되었다. 이때의 상태를 원불교 교전에서는 이렇게 전한다. "혹은 산에 들어가 밤을 지내기도 하고, 혹은 길가에 앉아서 날을 보내기도 하며, … 혹은 얼음물에 목욕도 하며, … 혹은 찬방에 거처하며 필경 의식을 다 잊는 경계에까지 들었다."

24세가 되면서 입정 상태는 더 깊어졌다. 아무 분별력이 없는 무정물처럼 되어 밥을 먹다가도 중지하기도 하고 나루터에서 하루종일 입정에 들어 있었던 적도 있었다. 게다가 몸은 안으로 썩고 밖으로는 종기가 가득해 마을사람들은 그를 폐인으로 여기게 되었다. 이렇듯 종교적 천재들은 깨달음을 이루기 얼마 전에는 보통사람들로부터 폐인·광인 취급을 받아야 하는 모양이다. 26세가 되던 해 봄 소태산은 드디어 큰 깨달음을 얻게 된다. 이른 아침 예기치않게 답답한 마음이 서서히 풀리면서 의문들이 풀리기 시작했다. 이에 소태산은 우선 의관을 고치고 정(定)에서 나온 첫걸음을 내딛게 된다. 이때 당시 자신의 심정을 소태산은 '맑은 바람에 검은 구름 걷히고 밝은 달이 떠오르니, 우주의 삼라만상이 저절로 밝게 드러나도다(淸風月上時 萬象自然明).'라고 표현하였다.

대각 후 소태산은 여러 종교의 경전을 열람하면서 자신의 깨달음과 견주어 보았다. 그리고는 석가모니와 자신이 같은 깨달음을 얻은 것을 발견하고 불교에 그 연원을 댄다. 이것은 석가모니 역시 자신의 깨달음을 두고 독창적인 것이 아니라 선인들이 이미 이전에 깨친 것이라 하면서 옛 성(城)의 비유, 즉 자신의 깨침은 옛 성으로 가는 길처럼 항상 있었던 것을 다시 발견한 것에 불과하다는 이야기와 정확히 일치한다.

대각을 이룬 뒤 몇 달이 되자 약 40여 명의 제자가 생겼는데 그는 그 중에서 여덟 명을 골라 표준제자로 삼았다. 그런데 소태산은 수제자의 자리를 비워놓고 있다가 이들보다 2년 후에 원불교의 2대 교주가 되는 송규(宋奎)를 맞아 그를 자기 법통을 잇는 자리에 앉힌다. 소태산의 아홉 제자는 석가모니의 십대 제자, 예수의 십이사도와 같이 중요한 의미를 지닌다. 이 가운데에서도 수제자인 정산은 나이가 가장 어리다. 이렇게 맞아들인 아홉 제자들과 소태산이 처음 시작한 것은 저축조합사업과 간척지 방언공사였다.

당시의 가난·무지·나태·미신 등에 빠져 있는 농민들에게 새로운 모습을 보여주기 위하여 소태산 일행이 펼친 사업은 바로 근검절약, 허례 폐지, 금주금연 등과 같은 새생활 운동이었다. 이렇게 해서 몇 달 사이에 큰돈을 저축할 수 있었고 이 돈을 자본으로 숯장사를 해 또 많은 이득을 보았다. 또 이 돈을 이용하여 당시에는 전혀 가능치도 않았던 간척사업을 시작해 1년 만에 약 3만 평에 가까운 땅을 만들게 된다. 많은 사람들의 방해와 비웃음을 무릅쓰고 행한 이 방언공사는 초기 교도들의 힘을 집약하는 좋은 계기가 되었고, 근검저축 · 이소성대 · 무아봉공의 원불교 창립 정신으로 약진하는 교단의 근원적 힘이 되었다. 우리는 여기서 다시금 이와 같이 가능치 않은 일을 가능케 하는 소태산의 카리스마적인 엄청난 법력을 느끼게 된다.

그 다음으로 특기할 만한 사건은 기미년 3 · 1운동을 맞아 소태산이 제자들과 함께 행한 기도이다. 명령에 따라 아홉 제자가 영산(영광)의 중앙봉을 비롯해 8개의 봉우리에서 각각 일정기간 기도를 올려 자신들이 행하려는 세상 구제의 뜻을 하늘에 고하는 기도를 행하게 된다. 최후 기도일을 정해 그 마지막 날 기도를 끝낸 뒤 모두 자결하기로 언약을 했으나 자결하기 바로 직전에 최후 증서인 백지장에 찍은 인장이 붉은 혈인으로 찍히는 이적이 일어났다. 이것을 소태산은 그들의 뜻이 하늘에 사무쳐 천지신명이 감응하는 바로 해석했다. 이 일로 소태산과 그의 제자들의 단결력은 가히 천하무적이 되었고, 원불교의 발전 전망에 서광이 보이기 시작했다.

그 뒤 소태산은 부안군 봉래산으로 들어가 계속 제자들을 가르치면서 새 회상을 준비했다. 이곳에서 기안되고 발표된 것이 1935년에 완성된 사은(四恩) · 사요(四要)와 같은 원불교 기본교리이고 「조선불교혁신론」과 같은 논문도 초안된다. 이보다 앞서 1924년에는 현재 중앙총부 자리에 터전을 정하고, 〈불법연구회〉라는 임시 교명을 걸고 전무(원불교의 성직자 명칭) 출신들과 공동생활을 시작한다. 바로 이해 제3대 종법사를 역임했던 김대거(金大擧)가 소태산을 만나는 인연을 갖는다.

소태산은 진리를 원(圓)으로 상징화시켰고 그것을 법신불(法身佛) 일원상(一圓相)이라고 불렀다. 이 일원상은 시작도 끝도 없으며 돌고 돌아 순환이 무궁하며 텅 비어 아무것도 없으되, 모든 것을 다 갖추고 있다. 이외의 자세한 교리 내용 설명은 생략하기로 하지만 소태산의 사상을 대표할 수 있는 표어 중의 하나는 역시 "물질이 개벽하니 정신을 개벽하자."일 것이다. 서양 물질 문명이 우리나라에 들어오기 시작한 초두에 소태산은 이미 이 서양 물질 문명에 심상치 않은 것이 있음을 간파했다. 그 과학기술 문명이 가진 부도덕성 혹은 몰도덕성을 극복하려면 정신을 개벽, 다시 말해 참다우면서도 전혀 새로운 도덕 문명을 만들어 내는 길밖에 없다고 보았다. 원불교의 모든 교리는 이것과 연관관계에 있다고 보아도 과언이 아니다.

그 외에도 특기할 만한 사건은 소태산을 감시하러 나왔던 조선인 순사 황이천이 도리어 소태산의 인격에 감복하여 제자가 되었던 일, 또 일제의 강압에 저항해 소모적인 싸움을 하지 않고 그 탄압을 교묘하고 현명하게 피해간 일이 눈에 띈다. 가령 창씨개명하라는 일본의 끈질긴 강요에 소태산은 '일원증사(一圓證士)'라고 하여 그들의 뜻에 응하는 것처럼 해서 교단에 해가 안 가게 하면서도 교명에 맞는 기가 막힌 이름을 창안해 교단의 체면도 살리는, 절묘한 시중(時中)을 지키는 태도를 유지했다. 그러나 불행하게도 소태산은 조국의 해방을 보지 못한 채 1943년 53세의 나이로 앞으로 이 나라가 세계의 정신적 지도국, 도덕적 부모국이 될 것이라는 예언을 남기고 생애의 막을 내리게 된다. 원불교는 그 후에도 소태산이 닦아 놓은 탄탄한 기반 위에서 착실한 성장을 하여 우리나라에서 발생한 자생(민족) 종교 가운데 거의 유일하게 세계적인 종교로 뻗어 나아가게 된다.

소태산의 뒤를 이어 원불교가 교단으로서 정착되는 데에 가장 큰 공을 세운 사람은 바로 소태산의 제자 정산(鼎山) 송규(宋奎, 1900-1961)이다. 소태산이 그 큰 법력으로 정신개벽을 외치는 대갈일성의 횃불을 높이 쳐들었다면 정산은 그 불이 더욱 안정되게 더 넓은 곳으로 전파되게끔 자상하고 세심하게 배려를 했던 분이다. 종교사적으로 볼 때에도 한 종교를 세우는 초조는 강한 카리스마적 힘을 보여 주지만 조직적이지 않고 기록 따위를 남겨 놓지 않는 반면(그들은 진리 그 자체로 살기 때문에 부차적인 기록이나 조직 등에 관심을 두지 않는다) 제2대 교주는 그것을 받아 모든 것을 조직화하고 경전화하고, 체계화하는 데에 온갖 열성을 바친다. 따라서 이러한 조화가 잘 맞아 떨어진 종교는 살아남고 그렇지 않으면 지리멸렬해지진다. 원불교가 이 공식에 꼭 들어맞는 것은 아니지만–교주인 소태산이 원불교의 경전을 아주 부분적이나마 직접 쓰고 간 것은 의아스러운 일이다–나름대로 이것에 부합되는 면이 있다.

소태산에 비해 정산은 자애롭고 부드러운, 즉 대단히 차분한 사람이었다. 원불교는 바로 정산에서부터 교단으로서의 새로운 출발을 하게 된다. 아울러 지리적으로 부적합하다는 주위의 반대도 무릅쓰고 방 두 칸으로 원광대학교를 시작한 혜안의 소지자 역시 정산이었다.

정산은 1900년 경북 성주군에서 태어났다. 그는 모든 살아 있는 것을 아꼈고 한 번 하기로 한 일은 기어이 하고야 마는 결단력이 있었다고 한다. 9세 때 할아버지에게서 한학을 배울 때 나라를 바로 잡는 대장부가 될 것을 염원하고 큰스승을 만났으면 하는 바람을 갖게 된다. 11세 때에는 자신의 방에 옛 성현들과 영웅들의 명패를 봉안하고 스승을 만나게 해 달라는 기도를 시작한다. 13세 때 결혼하지만 그 뒤에도 계속 수도에 정진한다. 16세 때에는 당시 위맹을 떨치던 보천교(증산교의 일파)의 교주 차경석을 만나 대화를 나누나 실망만 갖고 헤어진다.

그 뒤 인연에 끌려 김해운이라는 사람의 집에서 약 1년간 수행을 하게 되어 '만국(萬國) 양반'이라는 별명까지 듣게 되었는데, 그는 바로 여기에서 소태산과 운명적인 만남을 갖게 된다. 이것은 그의 나이 18세(1917년) 때의 일인데, 처음에는 형제의 의를 맺게 되나 몇 달 후 다시 만나 소태산을 스승으로 모시는 사제의 예를 올린다. 이때 소태산은 정산에게 이미 있었던 8명의 제자들을 통솔하는 중앙의 자리를 맡기는데, 앞에서도 언급했듯이 소태산은 정산을 만날 것을 예측하고 이 자리를 비워 놓았다고 한다.

그 이후로 정산은 소태산의 명을 받고 부안 변산에 있는 월명암으로 가서 백학명 스님과 같이 있다가 실상사로 내려와서 3년간 소태산이 원불교의 새 교리를 만드는 것을 보필하였다. 1942년에는 다시 소태산의 명을 받고 익산 총부로 와서 소태산이 심혈을 기울여 제작한

『불교정전(佛敎正典)』을 편찬하는 것을 보좌하였다. 소태산은 그 다음 해인 1943년에 열반하고 정산은 그 법통을 이어받게 된다.

1946년에는 앞에서도 언급한 원광대학교의 전신인 유일학림(唯一學林)을 개설한다. 1947년에 이르러 그때까지 '불법연구회'로 불리던 임시 교명을 '원불교'로 개정하는데 여기에서 비로소 오늘날의 원불교라는 이름이 생겨난 것이다. 1951년에는 어렵게 세운 원광 중고등학교와 초급대학이 문교부 인가를 받게 되었고, 교역자 양성에 힘을 기울이게 된다. 1953년에는 드디어 소태산의 언행록인 『대종경』–현재의 원불교 교전의 핵심 부문–편수작업에 착수한다.

이렇듯 원불교단의 창건에 온갖 심혈을 다 기울인 그는 이미 50세가 넘어서면서 과로로 병석에 눕게 되었고, 이것이 악화되어 결국 1961년 1월에 삼동윤리(三同倫理), 즉 "한 울안 한 이치에, 한 집단 한 권속이, 한 일터 한 일꾼으로, 일원세계 건설하자."는 법문을 남기고 열반한다. 이때 그는 삼동윤리를 최후 법문으로 남기면서 덧붙여서 "우주를 다 싸는 큰 경륜과 고금을 일관하는 큰 신의로 영천영지 무궁겁에 마음공부 잘하여 새 세상의 주인공이 되자." 라는 말씀을 남긴다. 어떤 철학 교수는 정산에 대해 '내가 지금까지 본 한국인의 얼굴 가운데 가장 아름다운 얼굴'이라는 평을 하기도 했다.

한국의 스승, 개벽을 말하다 〈개정판〉

등록 1994.7.1 제1-1071
1쇄 발행 2014년 9월 1일

지은이 최준식
펴낸이 박길수
편집인 소경희
편 집 조영준
디자인 이주향
펴낸곳 도서출판 모시는사람들
　　　　110-775 서울시 종로구 삼일대로 457(경운동 88번지) 수운회관 1207호
전 화 02-735-7173, 02-737-7173 / 팩스 02-730-7173

인 쇄 상지사P&B(031-955-3636)
배 본 문화유통북스(031-937-6100)
홈페이지 http:// blog.daum.net/donghak21

값은 뒤표지에 있습니다.
ISBN 978-89-97472-78-9

이 도서의 국립중앙도서관 출판예정도서목록(CIP)은 서지정보유통지원시스템 홈페이지
(http://seoji.nl.go.kr)와 국가자료공동목록시스템(http://www.nl.go.kr/kolisnet)에서 이용하
실 수 있습니다.(CIP제어번호: 2014022563)